좋은 시체가
되고 싶어

FROM HERE TO ETERNITY:

Traveling the World to Find the Good Death
by Caitlin Doughty

Korean translation edition is published by arrangement with
W.W. Norton & Company, Inc. through Duran Kim Agency.

유쾌하고 신랄한 여자 장의사의
시체 문화유산 탐방기

FROM HERE TO ETERNITY

좋은 시체가
되고 싶어

CAITLIN DOUGHTY

케이틀린 도티
임희근 옮김

반비

이 책에 대한 찬사

'나의 시체 문화유산 답사기' 혹은 '무삭제판 론리 플래닛'이랄까. 바야흐로 '죽음' 저술 분야의 가장 뜨거운 작가와 함께 떠나는 세계여행이다. 걸출한 장례업자 케이틀린 도티와 함께 돌아볼 행선지에는 온갖 형태의 죽음과 경이로운 사연이 즐비하다. 단언컨대 그녀는 우리가 일생을 걸쳐 한사코 다가서길 꺼리는, 죽음이라는 활화산의 최상단으로 이끄는 안내자 중에서 가장 보폭이 넓고 에두르지 않는 인물이다. 다행히 초행객이 길을 잃지 않도록 행간의 모퉁이마다 인류학적인 재미를, '죽음 제의'라는 쇼의 이면까지 깊숙이 들여다본 자만이 발견할 수 있는 시적인 감동을 마련했다. 살아도 사는 것 같지 않다면 함께 이 죽음의 순례에 나서자. 지혜와 용기의 뼛조각을 주워 올릴지니. 죽음의 여행지에서는 모든 하루가 뜨겁고 눈물겹다.

—김완(죽음 현장 특수청소부, 『죽은 자의 집 청소』)

『좋은 시체가 되고 싶어』는 세계 곳곳의 죽음 문화를 탐구하는 기이한 여행기다. 케이틀린 도티는 시신들이 썩어 퇴비가 되는 현장으로, 미라와 수년간 동거하는 사람들의 곁으로, 두개골을 수집하는 여자들의 집으로 독자들을 이끈다. 이 낯설고 당혹스러우며 무질서한 죽음의 풍경들은 우리에게 이렇게 넌지시 속삭이는 것 같다. 세상에 결코 단일한 애도의 방식은 없으며, 죽음을 받아들이는 방법은 어쩌면 지금보다 더 다양하고 풍요로울 수 있다고. 겁에 질려 죽음을 회피하는 대신 똑바로 절망과 슬픔을 마주하는 문화를 만들자는 도티의 제안에, 우리의 죽음 문화를 떠올려본다. 우리가 죽음을 대하는 태도와 죽음 위에 쌓아 올린 규율은 충분히 죽음을 애도하고 삶의 일부로 받아들이는 데 기여하고 있을까. 모든 여행이 그러하듯, 지구를 한 바퀴 돌고 온 시선이 다시 이곳을 향하는 순간이다.

—김초엽(소설가, 『우리가 빛의 속도로 갈 수 없다면』)

이 책은 왜 슬프거나 끔찍하지 않은가. 죽음에 관한 책인데, 정확히는 시체에 대한 이야기인데 말이다. 어째서 흥미롭고 우스꽝스러우며 감동적일 수 있을까. 죽음을 양지로 끌고 나왔기 때문일 것이다. 이것은 죽음에 대한 두려움과 수치심과 슬픔을 햇빛에 소독하려 시도하는 책이다. 현대의 장례 절차에서 시신은 재빨리 치워지기 마련이다. 남은 사람은 미처 상실을 받아들이기도 전에 사랑하는 육체와 멀어진다. 죽음을 둘러싼 산업과 전문가들의 손에 시신이 넘어가고 그 이후의 일들은 음지의 영역이자 미지의 영역으로 남는다. 이 책은 그러한 단절을 안타까워한다. 우리가 죽음에 자주 드나들고 죽음을 어루만지며, 친근하고 명랑하게 죽음을 곁에 둘 수 있다고 말한다. 전 세계의 다양한 장례 절차를 자세히 소개하는 것은 그래서다. 죽음을 똑바로 배우기 위해 시간과 공간을 확보하는 사람들이 이 책에 있다. 그들이 시신을 다루는 모습을 보며 아주 다양한 이별의 방식을 알게 된다. 수많은 사후 처리 사례를 통해 오히려 생이 무엇인지를 다시 상기한다. 장례 절차란 결국 생을 존중하고 기억하는 과정이니까. 케이틀린 도티의 문장에서 나는 삶과 죽음의 이음새를 부드럽고 따뜻하게 연결하려는 정성을 본다. 그리고 유한한 내 몸을 실감한다. 내 몸은 한계가 명확한 물질이다. 사랑하는 사람들의 몸도 마찬가지다. 삶은 필연적으로 크고 작은 죽음들의 총합이다. 『좋은 시체가 되고 싶어』는 그것이 어떤 의미인지 곰곰이 바라본다. 시체 또한 사랑했던 사람을 담았던 아름다운 그릇임을 잊지 않는다. 그리하여 죽음을 회피하지도 않고 죽음에 사로잡히지도 않도록 돕는다. 어떻게 떠나고 싶은가. 어떻게 썩고 싶은가. 어떻게 순환하고 싶은가. 낯설고도 가까운 질문들을 이 책과 함께 시작한다.

—이슬아(작가, 『일간 이슬아 수필집』)

어머니와 아버지,
그리고 괴짜 자녀들이 괴짜일 수 있게
놔둔 모든 부모에게 이 책을 바칩니다.

일러두기

1. 이 책은 허구가 아닌 논픽션이다. 몇몇 사람의 이름과 세부 사항은 바꾸었다.
2. 본문 하단의 주석은 옮긴이와 편집자가 내용 이해를 돕기 위해 덧붙인 것으로, ◎으로 표기하였다.

차례

들어가며

전화벨이 울리자 가슴이 쿵쿵 뛰기 시작했다.

장의사 문을 연 처음 몇 달간, 전화벨이 울리는 것 자체가 흥분을 불러일으키는 사건이었다. 우리에게는 그리 많은 전화가 오지 않았다. "만약에…… 만약 누가 죽었으면 어떡하지?" 나는 숨이 그대로 멎을 것만 같았다.(중요한 것은 여기가 장의사라는 사실이다.)

전화기 너머 호스피스에서 근무하는 간호사의 목소리가 들려왔다. 그 간호사 말로는, 조세핀이 10분 전 숨을 거두었는데, 시신을 만져보면 아직도 따뜻하다는 것이었다. 간호사는 죽은 여인의 침대 맡에 앉아 조세핀의 딸과 언쟁하는 중이라고 했다. 그 딸이 우리 장의사에 전화를 걸기로 한 것은, 어머니가 마지막 숨을 거두자마자 누군가가 와서 영안실로 시신을 냉큼 가져가는 걸 원치 않기 때문이라고 했다. 딸은 어머니의 시신을 집에 두고 곁에 있고 싶어 했다.

"그렇게 해도 되나요?"

"물론 그래도 되지요." 내가 대답했다. "사실 저희는 그렇게 하는 걸 권장합니다."

"그건 불법 아닌가요?" 간호사가 의심스럽다는 듯이 물었다.

"불법이 아닙니다."

"보통 장의사에 연락하면, 한 시간 안에 와서 시신을 가져가던데요."

"시신을 마음대로 할 수 있는 건 고인의 따님이에요. 호스피스나 병원이나 요양원이 아니고요. 장의사는 더더욱 아니지요."

"좋아요, 그래도 된다는 게 확실하다면요."

나는 말했다. "확실해요. 조세핀의 따님에게 나중에, 오늘 저녁이나 내일 아침에 전화해도 된다고 하세요. 준비가 되었을 때 아무 때나요."

조세핀의 시신은 그분이 돌아가신 지 여섯 시간 후인 8시가 되어서야 우리에게 왔다. 다음 날 그 따님이 우리에게 휴대폰으로 찍은 동영상을 한 편 보내주었다. 32초짜리 동영상에서 고인은 좋아하던 스웨터를 입고 스카프를 매고 침대에 누워 있었다. 침대 옆 서랍장 위에는 촛불이 너울거리고 시신은 꽃잎으로 덮여 있었다.

비록 휴대폰으로 찍어 잡티가 많은 영상이었지만, 지상에서 마지막 밤을 보내는 조세핀의 얼굴이 환히 피어 보인다는 것은 알 수 있었다. 그녀의 딸은 자신이 이루어낸 것을 진정 자랑스러워했다. 항상 어머니가 자기를 돌보았는데, 이제는 자기가 어머니를 돌보고 있는 것이다.

내가 장의사를 운영하는 방식을 업계 사람 모두가 지지하는 것은 아니다. 몇몇 사람은 시신의 안전을 위해 방부처리를 해야만 하며(이는 사실이 아니다.) 시신은 오로지 자격증이 있는 전문가만 취급해야 한다(이것도 사실이 아니다.)고 믿는다. 반대하는 사람들은 더 젊고 진보적인 장의업 종사자들이 "이 직업을 웃음거리로 만들고 있다."라고 하며 "장의업이 이러다 나중에 서커스 같은 구경거리로 전락하는 게 아닌지" 우려한다. 어떤 신사 분은 "장의사가 방부처리도 하지 않은 시신이 있는 집에 사흘간 방문하는 식이 되는 순간, 이 일을 때려치우겠다."라고 단언하기도 했다.

내가 사는 미국에서는 20세기 초부터 죽음이 커다란 비즈니스가 되었다. 옛날에 장례를 치르던 방식, 그러니까 가족과 공동체가 이런 일을 전담해왔다는 것을 시민들이 단 한 세기 만에 까맣게 잊어버린다는 것이 입증되었다. 지금이 19세기였다면 조세핀의 딸이 자기 어머니의 시신을 다루는 것에 대해 아무도 의문을 제기하지 않았을 것이다. 오히려 그렇게 하지 않는다면 이상하게 보였을 것이다. 아내가 남편의 시신을 닦고 옷을 입히거나 아버지가 아들의 시신을 집에서 만든 관에 넣고 묘지까지 운구하는 것에 아무도 이의를 제기하지 않았을 것이다. 놀랄 만큼 짧은 시간 안에, 미국의 장의업은 지구상 다른 어떤 나라의 장의업보다 더 값비싸고 더 산업적이며 더 관료적으로 변했다. 우리가 가장 잘한다고 말할 수 있는 일이 하나 있다면, 그건 슬픔에 잠긴 유가족을 고인으로부터 떨어뜨려놓는 일일 것이다.

5년 전, 지금 내가 운영하는 장의사를 (그리고 이 책도) 어렴풋하게 구상하는 단계에 있었을 때, 나는 벨리즈◎의 어느 시골 호수에 있는 오두막집을 한 채 빌렸다. 당시 나는 화장장 직원이자 시신을 실어 나르는 운전자로서 나름 넉넉하게 살고 있었으니 그 집을 빌리는 돈쯤이야 부담할 수 있었다. 그 집에서는 휴대폰도, 와이파이도 쓸 수 없었다. 호수는 가장 가까운 도시로부터도 13킬로미터쯤 떨어져 있어, 오직 사륜구동 차를 타고 가야만 닿을 수 있었다. 운전사는 루치아노라는 이름의 서른 살 먹은 벨리즈 사람으로, 그 집의 관리인이었다.

루치아노에 대해 말하자면, 그는 어딜 가든 조금 깡마르긴 했어도 충성스러운 개 떼를 그림자처럼 몰고 다니는 사람이었다. 오두막에 와서 사는 사람이 없을 때 그는 개들이 뒤따르는 가운데 마체테◎◎를 들고 플립플롭을 신고 풀숲에 가서 며칠씩 있다 오곤 했다. 거기서 그는 사슴, 맥, 아르마딜로 같은 것을 잡았는데, 짐승을 죽이고 껍질을 벗겨 심장을 가슴에서 꺼내 먹곤 했다.

루치아노는 내게 직업이 뭐냐고 물었다. 화장장에서 시신 처리하는 일을 한다고 하니까, 그가 누워 있던 그물 침대에서 벌떡 일어나 앉았다. "당신, 시체를 태운다고요?" 그는 물었다. "사람들을 바비큐처럼 만든다고요?"

나는 이 묘사에 대해 곰곰이 생각해보았다. "그래요, 화장로

◎ 카리브 해안에 있는 나라.

◎◎ 흔히 '정글도'로 불리는 크고 무거운 칼로, 주로 길을 내거나 작물을 자르는 데 쓰인다.

는 바비큐보다 뜨거워요. 섭씨 980도가 넘으니 '바비큐' 단계는 순식간에 넘어가죠. 그렇지만 뭐, 바비큐로 만든다고 할 수 있죠."

루치아노가 몸담은 공동체에서는 누군가 죽으면 가족이 그 시신을 집으로 가져와 온종일 지킨다. 벨리즈에는 다양한 민족이 모여 산다. 이곳은 카리브해와 라틴아메리카의 영향을 받고 있으며, 공용어로 영어를 쓴다. 루치아노는 메스티소로, 마야 원주민과 스페인 식민 통치자 사이에 태어난 후손이다.

루치아노의 할아버지는 그 공동체의 죽음 지킴이로, 그곳 가족들이 시신을 씻기고 정돈하기 위해 부르던 사람이었다. 그가 당도하면 시신은 사후경직 상태이기 일쑤였다. 이는 근육이 너무 뻣뻣해져서 씻기고 옷을 입히는 일이 쉽지 않았다는 말이다. 루치아노의 말에 따르면, 그런 경우에 할아버지는 시신에 대고 이렇게 말했다고 한다.

"이봐요, 하늘나라 가서 멋지게 보이고 싶지 않아요? 당신이 뻣뻣하게 구니까 내가 옷을 입힐 수가 없잖아요."

"그러니까 할아버지가 사후경직 상태의 시신에게 말을 걸곤 하셨단 말이죠?" 내가 물었다.

"음, 시신에 럼주를 약간 묻히고 문질러서 풀어줄 때도 있었어요. 하지만 기본적으로는 그렇게 설득하셨죠." 그가 대답했다.

시신에게 말랑말랑하게 풀어지라고 설득한 다음, 할아버지는 시신의 배가 땅에 닿게 휙 뒤집어, 분해되면서 생기는 물질과 가스를 눌러 빼내곤 했다. 이건 아기를 트림시키는 것이나 마찬가지였다. 아기가 당신 얼굴에 대고 트림하기 전에 미리 트림시키는 것처럼.

"미국에서 당신이 하는 일도 그런 건가요?" 그는 호수 건너 먼 곳을 바라보며 궁금해했다 .

물론 벨리즈의 대도시에는 미국식 사업 모델을 채택해, 가족들에게 값비싼 마호가니 관이나 대리석 묘비 같은 것을 사게 하는 장의사들도 있다. 이와 똑같은 '현대화'의 물결이 벨리즈에 있는 병원에도 들이닥쳤는데, 이런 병원에서는 가족이 원하든 원하지 않든 부검이 이뤄지기도 했다. 루치아노의 할머니는 돌아가시기 전에 부검을 거부했다. "그래서 우리는 할머니 시신을 병원에서 훔쳐 냈답니다." 루치아노가 내게 말했다.

"미안하지만, 뭐라고요?"

내가 맞게 들은 거였다. 그들은 할머니 시신을 병원에서 훔쳤다. 시트 한 장에 둘둘 말아 시체를 빼낸 것이다. "병원이 우리한테 뭘 어쩌겠어요?" 루치아노가 물었다.

바로 이 호수에 빠져 죽은 그의 친구 이야기도 똑같았다. 루치아노는 굳이 당국에 전화해서 익사를 알릴 생각도 하지 않았다. "그는 이미 죽었잖아요. 그들이 무슨 상관이에요?"

루치아노는 자기가 죽으면 그저 구멍이나 하나 파서, 무덤 벽에는 나뭇잎을 늘어뜨리고 동물 가죽을 수의 삼아 그 속에 묻히기를 원한다. 그는 동물 가죽 수의를 직접 디자인할 계획이다.

그는 자기가 '항상' 친구들과 죽음에 대해 이야기한다고 덧붙였다. 그들은 서로 묻곤 한다. "야, 넌 죽은 다음에 어떻게 했으면 좋겠어?"

루치아노는 물었다. "당신 나라에서는 그런 얘기를 나누지 않나요?"

그런 얘기는 대부분 입에 담지 않는다고 그에게 설명하기란 어려웠다.

내가 일하면서 부딪히는 주요한 질문 중 하나는, 어째서 내가 속한 문화에서는 죽음에 대한 이야기를 이렇게도 꺼리는가 하는 것이다. 왜 우리는 가족과 친구들에게 그들이 죽으면 시신을 어떻게 하면 좋을지 묻는, 그런 대화를 거부하는 것일까? 죽음을 피하는 것은 자기기만이다. 우리는 필연적인 종말에 대한 대화를 피함으로써, 재정 상황과 죽음을 애도하는 능력 모두를 위험에 빠뜨리고 있다.

다른 문화에서 죽음을 어떻게 다루는지 직접 관찰할 수만 있다면, 죽음을 '맞이'하거나 이해하는 단 하나의 정해진 길이란 없다는 걸 보여줄 수 있을 거라고 믿었다. 그래서 나는 지난 몇 년간 호주, 영국, 독일, 스페인, 이탈리아, 인도네시아, 멕시코, 볼리비아, 일본, 그리고 미국 전역을 돌며 죽음 의례가 어떻게 실행되는지를 관찰했다. 인도의 화장용 장작과 가나의 기발한 운구 방식을 보고도 배울 점이 많았지만, 그 밖에도 내가 찾아간 장소에는 어디나 극적이고도 널리 알려지지 않은 이야기가 있었다. 내가 발견한 것이 우리 공동체가 장례의 의미와 전통을 되찾는 데 도움이 되었으면 한다. 이러한 회복은 장의사로서도 중요하지만, 한 사람의 딸로서 그리고 친구로서는 더욱더 중요하다.

2000여 년 전, 그리스의 역사가 헤로도토스는 한 문화권의 사람들이 다른 문화권의 죽음 의례에 대해 얼마나 기겁할 수 있는지를 보여주는 최초의 이야기를 남겼다. 이야기 속에서 페르시아 제국의 황제는 일단의 그리스 사람들을 앞에 불러 모은다.

죽은 이를 화장하는 관습을 지닌 그리스인들에게 페르시아 황제는 물었다. "얼마를 주면 죽은 조상을 먹겠느냐?" 이 질문에 그리스인들은 사색이 되어, 세상 어떤 것을 준다 해도 절대 식인종은 되지 않을 것이라고 했다. 다음으로, 황제는 죽은 이의 시신을 먹는 관습을 가진 칼라티안 한 무리를 불러 모은다. 황제는 물었다. "얼마를 주면 죽은 조상을 불태우겠는가?" 칼라티안 사람들은 "그런 끔찍한 소리"는 부디 하지 말아 달라고 간청한다.

이처럼 다른 집단이 죽은 자를 다루는 방식에 대해 진저리치는 태도는 수천 년 동안 지속되어왔다. 현대식 장의사에 150미터 이내로 접근해본 적이 있다면, 장의사들이 19세기 영국 총리였던 윌리엄 글래드스톤이 한 말로 알려진 다음 인용문을 매우 좋아한다는 사실을 알 수 있을 것이다.

> 한 나라 사람들이 죽은 자를 다루는 예절을 내게 보여다오. 그러면 나는 그 나라 사람들의 부드러운 자비심, 법을 존중하는 마음, 그리고 고매한 이상에 대한 충성심을 수학처럼 정확하게 측정할 것이다.

그들은 이 인용문을 벽에 걸어놓고, 배경음악으로 「어메이징 그레이스(Amazing Grace)」가 흘러나오는 웹사이트에도 대문짝만

하게 새겨둔다. 국기가 휘날리는 이미지 바로 옆에 말이다. 그러나 유감스럽게도 글래드스톤은 우리가 그의 말마따나 "수학처럼 정확하게" 어떤 장례 방식은 79.9퍼센트만큼 야만적이고 다른 방식은 62.4퍼센트만큼 품격 있는지 측정할 수 있도록 방정식을 제시하지는 않았다.(사실 글래드스톤은 이런 말을 아예 한 적이 없을지도 모른다. 이 말은 《미국의 묘지》 1938년 3월호, 「성공적인 묘지 광고」라는 기사에 처음 등장한다. 글래드스톤이 이 말을 하지 않았다는 사실을 입증할 수는 없지만, 어느 걸출한 글래드스톤 연구자가 말하기를 자기는 결코 이 인용문과 같은 글을 마주친 적이 없다고 했다. 그가 말했던 것은 기껏해야 글래드스톤이 "그런 말을 할 수도 있었을 것이다."라는 얘기였다.)

비록 다른 문화 의례의 이점을 인식한다 해도, 우리는 편견 때문에 그런 이점을 수용하지 못하기도 한다. 1636년 2000명의 웬다트 원주민이 현재 캐나다 휴런호 기슭의 공동 매장 구덩이 주변에 모였다. 무덤은 깊이 약 180센티미터에 너비 약 730센티미터로, 700명의 뼈를 묻을 수 있는 크기였다. 뼈의 입장에서 보자면, 이 구덩이는 사후에 거치는 첫 단계가 아니었다. 아직 신선한 시체일 때는 비버 가죽으로 만든 가운에 싸서 3미터 높이로 만든 나무 구조물 위에 시신을 안치한다. 10년마다 한 번씩, 각처에 흩어졌던 휴런웬다트족 공동체는 '망자의 축제'라 불리는 공동 장례를 위해 유해들을 모아온다.

준비 과정에서 시신들은 이 구조물에서 내려진다. 이때 가족 구성원(주로 여성)은 아직 시신에 남아 있는 살점들을 깨끗하게 제거해 뼈만 남기는 일을 한다.

죽은 시점에 따라 각양각색인 그 뼈들을 깨끗이 하는 일이 얼마나 어려운가. 어떤 시신은 부패한 채 바짝 말라서 종잇장같이 얇은 피부가 뼈에 붙어 있다. 또 어떤 시신은 거의 미라처럼 보존되어, 건조된 살을 줄줄이 떼어내 태워야 한다. 가장 다루기 힘든 시신은 최근에 죽어 아직 구더기들이 우글거리는 시신이다.

프랑스 출신의 가톨릭 선교사 장 드 브레뵈프는 이 청결 의례를 직접 보고 기록했다. 그는 경악하거나 끔찍해하는 대신, 유가족이 시신을 친밀하게 다루는 방식에 대해 대단히 감탄하며 이를 글로 남겼다.

브레뵈프는 그중 한 가족이 부패해서 진물이 줄줄 흐르는 시신의 수의를 벗기는 과정을 관찰했다. 가족들은 아무렇지도 않게 뼈를 발라내는 작업에 뛰어들어 시신에 새 비버 가죽 옷을 입혔다. 브레뵈프는 이것이 "그리스도교인들에게 보여줄 만한 고귀한 본보기"가 아니겠는지 묻는다. 그는 시신 묻는 구덩이에서 행하는 의식에도 똑같이 감탄을 표했다. 시신이 모래와 나무껍질로 덮여 있는 것을 보고, 그는 이런 "자비로운 의식"을 보는 것은 가슴 뭉클한 일이라고 말했다. 나는 브레뵈프가 웬다트 부족의 죽음 의례를 보고 감동받았다고 확신한다. 하지만 이런 경험이 그의 궁극적이고도 열렬한 바람을 바꾸지는 못했다. 바로 웬다트 부족의 모든 관습과 의례가 철폐되고 그리스도교 의식으로 대체되어, 이들이 "어리석고 쓸모없는" 존재가 아니라 "성스러운" 존재가 되기를 바라는 바람 말이다.

선교사 브레뵈프가 제안한 대안 의례를 캐나다 원주민 모두가 열린 마음으로 대한 것은 아니라는 사실도 언급해야 한다. 역사학자 에릭 시먼의 말에 따르면, 원주민과 유럽인 들은 종종 서로에 대해 "소름 끼치도록 변태적인 행위들"을 발견했다. 프랑스 가톨릭 선교사들이 이른바 '영성체'라는 행위에서 그들이 (자그마치 그들 자신이 믿는 신인) 예수의 피와 살을 먹는다고 떠벌리며 식인종임을 거리낌 없이 인정할 때, 그들에게 고귀한 목표가 있다는 걸 웬다트 부족이 어찌 믿을 수 있었을까.

많은 죽음 의례가 종교에서 기원한 만큼 종종 우리는 다른 이들의 의례를 폄하하기 위해 종교적 믿음을 들먹인다. 불과 1965년에만 하더라도 제임스 프레이저는 「화장, 그것은 기독교적인가?」라는 글(스포일러: 아니다)에서, 화장은 "야만적 행동"이며 "범죄를 돕는 행위"라고 썼으며, 제대로 된 기독교인에게 "친구의 시신이 지방이 줄줄 흐르고 살점이 지글거리는, 오븐 속에 든 소고기구이마냥 취급된다고 생각하는 것은 역겨운 일이다."라고 했다.

나는 어떤 장례 풍습에 대한 우열이 수학(예를 들어 36.7퍼센트 만큼 '야만적인 행위')에 기반하는 것이 아니라 정서, 즉 자기 자신이 속한 문화만이 고귀하다는 믿음에 기반한다고 믿게 되었다. 다시 말해, 우리는 죽음 의례들이 우리 것과 맞지 않을 때만 야만적이라고 보는 것이다.

벨리즈에서 보낸 마지막 날, 루치아노는 나를 데리고 자기 조부모(병원에서 탈취한 할머니를 포함하여)를 모신 묘지로 갔다. 묘지는 집 모양으로 지어진 콘크리트 무덤으로 가득 차 있었는데, 어떤 것은 손질이 잘되어 있는가 하면, 어떤 것은 제대로 관리가 안 되어 있었다. 잡초 속에 쓰러진 십자가에는 여성용 속옷 한 벌이 씌워져 있었다. 어떤 사람은 검은 스프레이 페인트로 무덤 한 쌍에 아무렇게나 "가자 지구(Gaza Earth)"와 "모든 형제들이여, 뉘우치라"라고 휘갈겨놓았다.

저 뒤쪽 구석 나무 밑에는 그의 조부모 관들이 포개진 채 콘크리트로 덮인 무덤 속에 놓여 있었다. "우리 할머니는 이런 시멘트 더미를 원치 않으셨어요. 그저 땅에 구멍 하나만 파주면 된다고 하셨고, 흙에서 났으니 흙으로 돌아가기를 원하셨지요. 하지만 결국……."

루치아노는 애정 어린 손길로 무덤에 쌓여 있는 낙엽을 쓸어내렸다.

내게 깊은 인상을 준 것은 루치아노가 할머니의 죽음 과정 하나하나에 얼마나 함께했는가 하는 점이다. 할머니 시신을 병원에서 탈취하던 것부터 가족들이 럼주를 마시고 밤새 할머니가 좋아하던 란체라◎를 연주하던 것이며, 몇 년 후 살뜰히 할머니 무덤을 돌보는 것까지.

이를 누군가를 잃을 때마다 다분히 의도적으로 복잡하게 만든 절차를 거쳐야만 하는 서양의 장의업과 대비해보라. 대다수의 사람들은 방부처리 절차에서 돌아가신 어머니에게 어떤 화학물질이 주입되는지,(정답은 포름알데히드, 메탄올, 에탄올 그리고 페놀의

◎ 멕시코 전통 음악 중 하나.

합성물이다.) 어째서 묘지에서 3000달러짜리 스테인리스 납골함을 사야 하는지 모른다.(그래야 묘지 관리인이 잔디를 깎기가 좀 더 수월하기 때문이다.) 2017년 장의업체를 대상으로 한 조사에서는 이를 "슬픔과 자금 압박에 시달리는 기간에 경제적 부담이 큰 결정을 내려야 하는 일반 소비자들이 이해하기 어렵게 만든 것 같은, 사람을 헷갈리게 하고 전혀 도움도 안 되는 체계"라고 했다.

우리는 이윤만을 추구할 게 아니라 가족들을 장례 과정에 더 많이 참여시킬 수 있는 새로운 의식을 도입하여 장의업을 개혁할 필요가 있다. 하지만 장 드 브레뵈프가 그랬듯, 우리가 옳고 '다른 사람들'이 불경하며 야만적이라는 잘못된 확신을 가진다면, 개혁을 시작하기는커녕 기존 체계에 의문조차 제기할 수 없을 것이다.

다른 장례 문화를 무시하는 태도는 전혀 뜻밖의 장소에서도 찾아볼 수 있다. 론리 플래닛은 세계에서 가장 규모가 큰 여행 안내서 출판사로, 여기에서 출판한 인도네시아 발리섬 여행 안내서를 보면 목가적인 뜨루냔 묘지가 나온다. 뜨루냔 묘지에서 마을 사람들은 집안의 고인이 썩어갈 대나무 장을 짠다. 다 썩으면 두개골과 뼈를 포개 쌓아 나무가 우거진 녹색 풍경 속에 꺼내놓는다. 『론리 플래닛』 안내서는 오래전부터 내려오는 이 관습의 숨은 의미를 설명하기는커녕, 현명한 여행자라면 "이 엽기적인 광경을 피해 가는 것이 좋다."라고 충고한다.

사랑하는 늙은 아버지를 칼라티안 사람처럼 먹는 일은 결코 당신에게 일어나지 않을 것이다. 나 역시 마찬가지다. 나는 채

식주의자이다.(농담이에요, 아빠.) 그렇다 해도, 서양의 죽음 의례가 세계 다른 곳의 그것보다 우월하다는 주장은 누가 봐도 틀렸다. 게다가 망자에 대한 보살핌이 기업화하고 상업화했기 때문에, 우리는 망자를 둘러싼 근접성, 친밀함, 의례에 관한 한 나머지 세상에 비해 훨씬 뒤처져 있다.

좋은 소식은, 죽음으로부터 거리를 두고 죽음을 감추는 것이 우리에게 득이 되지 않는다는 점이다. 문제를 해결하는 첫걸음은 고인을 보내는 자리에 함께하고 의례에 자연스럽게 참여하는 것이다. 나는 도쿄와 바르셀로나 같은 현대적인 대도시에서 가족들이 시신과 함께 하루를 보내고, 자리에 남아 화장을 지켜보는 것을 보았다. 멕시코에서는 고인이 죽은 지 몇 년이 지난 뒤에도 가족들이 묘지에 찾아와 봉헌물을 두고 감으로써 아무도 고인을 잊지 않았음을 보여주는 것을 목격했다.

이 책에 나오는 의례 중 많은 것들이 독자가 속한 문화권의 의례와 매우 다를 것이다. 그 차이에서 아름다움을 보았으면 한다. 당신도 어쩌면 죽음에 대해 진정한 두려움과 근심을 느끼는 사람일 수 있다. 하지만 지금 당신은 여기에 있다. 이제 만나려는 사람들과 마찬가지로, 당신도 죽음을 마주하는 자리에 모습을 드러낸 것이다.

야외 화장
미국 콜로라도주 크레스톤

8월의 어느 날 오후, 나는 기다리던 이메일을 받았다.

> 케이틀린,
>
> 우리 공동체의 아주 소중한 구성원 로라가 아침 일찍, 죽은 채 발견되었어요. 로라는 심장에 문제가 있었고 얼마 전에 75세가 되었어요. 지금 어디 계신지는 모르지만, 와서 함께해 주시길 바라요.
>
> —스테파니

로라의 죽음은 뜻밖이었다. 일요일 밤에 로라는 지역 음악 축제에서 정신없이 춤을 추었다. 월요일 아침, 그녀는 부엌 바닥에 죽은 채 누워 있었다. 목요일 아침에 가족들이 모여 화장하기로 했으니, 그 자리에 나도 오라는 것이었다.

화장은 정확히 오전 7시, 새벽의 푸른빛을 뚫고 해가 떠오르는 시각에 시작하기로 했다. 조문객들은 6시 30분부터 밀려들었다. 로라의 아들이 운전하는 트럭이 산호색 수의에 싸인 로라의 시신을 싣고 들어왔다.

로라의 말인 베베도 올 거라는 소문이 돌았다. 그러나 마지막 순간에 로라의 가족들은 수많은 인파와 타오르는 불이 베베에게 부담이 되리라고 판단했다. "유감스럽게도 로라의 말인 베베가 이 자리에 함께하지 못하게 되었습니다."라고 공지가 흘러나왔다.

로라의 가족이 픽업트럭에서 로라의 시신을 끌어내려 천으로 된 들것에 실어, 노란 데이지가 가득한 들판을 지나 화장터로 향하는 오르막길을 걸어 올라갔다. 종소리가 허공에 울려 퍼졌다. 내가 주차장에서 모랫길로 걸어가는 동안 자원봉사자 한 분이 밝은 표정으로 방금 꺾은 노간주나무의 가지 하나를 건네주었다.

로라는 광활한 콜로라도 하늘 아래, 나란히 놓인 두 개의 부드럽고 하얀 콘크리트 평판에 올린 석쇠 위에 뉘어졌다. 나는 전에도 빈 장작대를 두어 번 찾아와본 적이 있었다. 거기에 시신이 놓이자 그 용도가 좀 더 간명하고 확실해졌다. 조문객들은 한 사람씩 앞으로 걸어가 로라의 시신 위에 노간주나무 가지를 놓았다. 나는 참석자 중에 그녀를 몰랐던 유일한 사람으로서, 내 몫의 나뭇가지를 거기에 갖다 놓을까 말까 망설였다. 장례의 어색함이란. 하지만 나뭇가지를 계속 들고 있을 수도 없고(그러면 남의 눈에 더 잘 띈다.) 등에 멘 가방에 쑤셔 넣을 수도 없어서(그러면 조잡해보인다.) 앞으로 걸어가 그것을 수의 위에 올려놓았다.

여덟아홉 살쯤 된 소년을 포함해 로라의 가족은 잘 타기 때문에 고른 피니언 소나무와 가문비나무 장작을 쌓으며, 그녀를 태울 장작더미를 빙 둘러섰다. 로라의 배우자와 성인 아들은 불붙은 횃불을 들고 구석에서 기다리고 있었다. 신호가 떨어지자 그들은 해가 지평선 위로 설핏 떠오를 때 로라의 시신에 불을 붙이기 위해 함께 다가왔다. 시신에 불이 붙자 하얀 연기가 작은 회오리를 그리며 올라가다가 아침 하늘로 사라졌다.

그 냄새를 맡으니 작가 에드워드 애비◎가 쓴 구절이 떠올랐다.

> 불꽃. 타오르는 노간주나무 냄새는 내가 정직하게 판단하건대, 지상에서 가장 좋은 향내이다. 단테의 천국에 있는 모든 향로를 다 모아놔도 이 냄새만 할지 모르겠다. 비 온 뒤의 산쑥 향내 같은 노간주나무 연기를 한번 들이키면, 어떤 음악처럼, 미국 서부의 공간과 빛, 선명함과 가슴에 파고드는 기묘함을 떠올리게 하는 마술 같은 촉매 작용을 일으킨다. 부디 오래오래 타오르기를.

◎ 1927~1989, 환경 문제를 주로 다룬 미국의 작가.

몇 분 후 회오리바람이 불더니 흩어졌고, 붉은 불길이 활활 빛나며 타올랐다. 불길은 높이 180센티미터 이상까지 강렬하게 치솟아 올랐다. 조문객 130명은 모두 조용히 장작불을 에워쌌다. 장작 타는 소리만이 타닥타닥 들려왔는데, 그것은 마치 로라의 기억이 하나하나 사라지는 소리처럼 들렸다.

콜로라도주의 작은 도시 크레스톤에서 그들이 행하는 화장 방식은 수만 년간 존재해온 것이다. 고대 그리스인, 로마인, 힌두인은 살을 태우고 영혼을 해방시키는 데 티 나지 않는 연금술을 사용하는 것으로 유명했다. 하지만 화장 그 자체는 더 멀리까지 거슬러 올라간다.

1960년대 말, 호주의 외딴 오지에서 한 젊은 지질학자가 화장하고 남은 성인 여성의 뼛조각들을 발견했다. 그는 이 뼈들이 2만 년가량 되었을 것으로 추정했다. 실제로 이후 연구에서 밝혀진 바에 따르면, 이 유해들은 4만 2000년 정도 되었으며 이는 호주 원주민이 당도한 시기를 2만 2000년가량 앞당기는 것이었다. 문제의 여인은 커다란 동물(캥거루, 웜뱃, 그 밖에 범상치 않게 큰 설치류)이 득실거리는 녹색 풍경 속에 살았던 것 같다. 식량으로는 물고기, 씨앗, 커다란 에뮤알을 채집했다. 지금은 '멍고 레이디'로 알려진 그 여인이 죽고 나자 공동체는 시신을 화장했고, 두 번째 화장에서 시신을 한 번 더 태웠다. 여인의 유해는 땅속에 묻히기 전에 의례에 따라 붉은 황토로 덮였고, 4만 2000년 동안 묻혀 있었던 것이다.

호주 얘기를 하니 말인데,(장담하건대 이런 장면 전환이 의미가 있을 것이다.) 로라의 화장을 시작한 지 10분이 지나자, 불 지킴이 중 하나가 디제리두[◎]를 꺼내 들며 나무 피리를 든 어떤 신사 분에게 함께 연주하자는 눈짓을 보냈다.

나는 마음의 준비를 했다. 디제리두는 미국식 화장에는 어울리지 않는 엉뚱한 악기다. 하지만 디제리두의 모든 것을 감싸 안는 그 웅웅거리는 소리와 애절한 플루트 소리의 조합은 불길을 점점 깊이 들여다보는 사람들의 마음을 위로해주었다.

미국의 한 소도시, 슬픔에 잠긴 한 공동체가 장작 주위에 모여 있었다. 이는 사실 그렇게 전형적인 광경은 아니다. 크레스톤의 이 공동체는 미국에서, 아니, 서구권을 통틀어서 야외에서 장작더미를 태우는 유일한 곳이다.(또 다른 장작더미로, 콜로라도 북부의 불교 명상 센터인 샴발라 마운틴 센터에 위치한 사설 장작더미가 있다.)

크레스톤에서의 화장이 언제나 이런 감동적인 의례만으로 이뤄진 것은 아니다. 새벽에 장례 행렬을 지어 걷고 디제리두 연주를 하고 질서정연하게 노간주나무를 나눠주는 이 모든 절차가 있기 전에, 스테파니와 폴, 그리고 장작 나르는 사람이 있었다.

"우리는 장작 나르는 사람들이에요." 스테파니 게인즈는 사실 그대로 설명했다. 그녀는 자신을 매우 열렬한 불자라고 소개하며 이 말을 덧붙였다. "난 대단한 양자리예요. 삼중 양자리이죠. 내 태양, 달, 조상도 양자리랍니다." 72세의 스테파니는 크레스톤의 장작 태우는 작업을 총 지휘하는 인물로, 하얀 머리칼이

◎ 긴 피리처럼 생긴, 호주 원주민의 목관 악기.

매력적인 단발 뱅 헤어를 하고 있다.

진한 네덜란드 억양을 지닌 폴 클로펜버그는 스테파니만큼이나 매력적인 인물로, 이 두 사람은 장작더미를 가지고 이곳저곳 옮겨 다니며 주 정부가 제지할 틈도 없이 순식간에 사유지에서 화장을 해주고 빠져나갔다. 그들은 일곱 번의 화장을 이동식으로 해냈다.

"저희가 장작더미를 가지고 와서 막다른 골목에 설치해드리는 거죠." 폴이 말했다.

이동식 장작더미는 낮은 수준의 기술 체계로, 콘크리트 벽돌을 쌓고 그 위에 석쇠를 얹은 것이다. 화장을 할 때마다 집중적으로 열을 가하면 석쇠가 휘어지면서 가운데가 축 처진다. "다시 판판하게 하려고 그 위로 트럭을 굴렸어요." 스테파니가 말했다. "지금 돌아보면 미친 짓 같죠." 그녀는 변명하는 기색 없이 재미있어 하며 이 말을 덧붙였다.

2006년에 이 두 사람은 장작더미를 쌓아 올릴 만한, 좀 더 영구적인 장소를 찾기 시작했다. 크레스톤은 딱 알맞은 장소 같았다. 그곳은 덴버에서 남쪽으로 네 시간 거리에 위치한, 인구 137명(주변 지역에 1400명이 살고 있다.)의 전형적인 시골이었다.

이런 특성은 크레스톤을 '정부를 아랑곳하지 않는' 자유주의적인 지역으로 만들었다. 이곳에서는 대마초가 합법이며 성매매 업소도 합법이다.(실제로 운영 중인 성매매 업소가 있다는 말이 아니라, 있을 수도 있다는 얘기다.)

크레스톤이라는 소도시는 이런저런 정신적 구도자들에게 매력적인 도시이다. 명상을 하기 위해 세계 각지에서 사람들이 몰려온다. 그중에는 달라이 라마도 포함된다. 이곳의 자연식품 가게 전단지에는 기공 강사 광고, 섀도 위즈덤◎ 강사 광고, 어린이에게 "타고난 천재성을 일깨워주는" 수련원 광고, 북아프리카 춤을 가르쳐주는 수련원 광고, 그리고 "마법 숲속의 성스러운 장소" 같은 광고 들이 실려 있다. 이곳에는 히피 혹은 빈민처럼 행세하며 반문화적 생활양식을 추구하는 부유층 젊은이들도 살고 있지만, 대부분은 평생에 걸쳐 진지하게 깨달음을 추구하는 불자, 수피교도, 카르멜 수녀 들이다. 로라 자신만 해도 인도 철학자 스리 아우로빈도의 독실한 신도로 수십 년을 살았다.

영구적으로 장작더미를 놓을 장소에 대해 두 사람이 낸 첫 번째 제안은, 장작불 바람이 불어가는 곳의 소유주들의 반대로 무산되었다. "참고로, 그들은 흡연자예요." 폴이 지적했다. 이는 심각한 님비 사례 중 하나였다. 산불, 불쾌한 냄새, 수은 중독이나 미세먼지 같은 위험이 없다는 증거들에 관심조차 없는 "괴팍한 사람들"이었다고 스테파니가 말했다. 그 '흡연자들'은 주 의회와 환경보호 단체에 편지를 썼다.

그들과 싸우기 위해 장작 옮기는 사람들은 합법적으로 나갔다. 그들은 비영리단체인 '크레스톤 삶의 끝 프로젝트'를 설립했다. 그들은 주민들의 동의를 하나하나 구하며, 400명(이 근방 지역 인구의 거의 3분의 1)의 서명을 받았고, 적법한 서류와 과학적 자료

◎ '은밀한 지혜'라는 뜻의 정신 수양 강의.

들로 가득한 엄청난 서류 더미를 쌓아 올렸다. 그들은 심지어 크레스톤 주민들을 하나씩 만나 고충을 듣기까지 했다.

처음에는 강한 저항에 부딪혔다. 장작더미에 반대하는 진영에서는 이들을 두고 이런 이름을 붙였다. '이웃을 태우는 이웃'. 폴과 스테파니가 (농담으로) 지역 축제 퍼레이드에서 장식 차량을 협찬하겠다고 제안하자, 어느 가족이 앞으로 나오더니 씹어 뱉은 듯한 종이로 울긋불긋하게 장식한 차량은 "축제에 지독한 결례가 될 것 같다."고 반박했다. "이 도시 사람들은 심지어 장작 때문에 차가 너무 막히지 않을까 걱정하기도 했답니다. 크레스톤에서는 차 여섯 대만 지나가도 교통지옥이라는 점을 감안하셔야 해요." 스테파니가 말했다.

폴은 설명했다. "다들 두려움이 많았죠. '대기오염은 없을까? 이건 재수 없는 짓 아닌가? 죽음에 관련된 것들을 생각하면 소름 끼쳐.' 우리는 참을성 있게 그들의 요구를 들어야 했죠."

폴과 스테파니는 밀어닥치는 법적 장애물에도 불구하고 일을 계속 추진해나갔다. 장작더미를 쌓는다는 생각이 공동체에 힘을 주었기 때문이다.(이곳 주민들이 장작더미 위에서 화장될 수 있다는 생각에 너무 신나서, 폴과 스테파니를 불러 집 앞 진입도로에 콘크리트 벽에 놓인 석쇠를 설치해달라고 했던 것을 기억하자.) "장의업계에서 실제로 사람들이 공감하는 서비스를 제공하는 사람이 얼마나 되겠어요?"라고 스테파니가 물었다. "만약 사람들이 공감하지 않는 서비스라면, 포기해야죠. 그 공감이 제게는 중요했으니까요."

그들은 마침내 장작더미가 안착할 곳을 찾아냈다. 도시 외곽의 중심 도로로부터 몇백 미터 떨어진 곳이었다. '드래곤 마운틴 템플'이라는 선불교 교단에서 땅을 기증했다. 그들은 장작더미를 눈에 안 띄게 숨겨놓지 않았다. 도시 안으로 운전해서 들어가면 '장작더미'라고 쓰인, 불꽃 하나가 타오르는 표시가 된 금속 간판이 있었다. 지역의 감자 농사꾼이자 검시관이 직접 만든 간판이었고, 누가 보아도 그곳의 지표 역할을 했다. 장작더미 자체는 모래밭 위에 자리 잡고 있었으며 그 주위로 대나무 벽이 캘리그라피처럼 휘어지고 급강하하며 구부러져 있었다. 거기서 화장된 사람만 50여 명이 넘는데, '이웃을 태우는 이웃'이라는 명칭을 주장했던 남자도(극적인 반전인데) 죽기 전에 마음을 바꾸어 거기서 화장되었다. 로라의 화장이 있기 사흘 전, 크레스톤 삶의 끝 프로젝트 자원봉사자들이 집에 왔다. 그들은 로라의 시신을 챙기고 친구들이 시체 씻기는 것을 돕고, 부패를 더디게 하기 위해 시신을 냉장 모포 위에 뉘어 밖으로 꺼내 갔다. 그들은 고인에게 천연섬유로 된 옷을 입혔다. 폴리에스터 같은 합성섬유는 장작더미 위에서 잘 타지 않기 때문이다.

이 단체는 사후 절차와 관련해 예산에 구애받지 않고 가족들을 도와준다. 가족들이 꼭 야외 화장을 선택하지 않아도 된다. 크레스톤 삶의 끝 프로젝트 자원봉사자들은 가족들이 관습적인(시신을 방부처리하는) 매장을 원하든, 자연(납골함도 없고 방부처리도 하지 않는) 매장을 원하든, 아니면 도시 몇 개를 건너가야 있는 장의사에서 화장을 원하든 간에 도움을 줄 준비가 되어 있었다.

폴은 마지막 선택지를 "상업적 화장"이라고 불렀다. 스테파니가 끼어들었다. "폴, '관습적 화장'이라 불러야지."

"아녜요. 상업적 화장 맞아요." 내가 논쟁에 끼어들었다.

크레스톤은 구도자로서 내게 영감을 주는 곳이고, 그래서 종종 이곳을 다시 방문하지만, 내게 질투에 가까운 우울감을 선사하는 곳이기도 하다. 그들에게는 푸른 하늘 아래 펼쳐진 이 영광스러운 장작더미가 있지만, 나는 내 가족들을 도시 외곽의 창고에 있는 시끄럽고 먼지투성이인 화장장으로 데리고 가야만 했다. 만약 내가 운영하는 장의사에서 이런 근사한 화장 시설을 이용할 수만 있다면, 나는 디제리두 연주자를 초청하겠다는 약속까지 할 수 있다.

용광로 방식의 산업적인 화장은 19세기 말 유럽에서 처음 제안되었다. 1869년에 이탈리아 피렌체에 모인 한 의학 전문가 집단이 매장을 비위생적이라고 비난하며 화장으로 전환할 것을 권고했다.

이와 거의 동시에 화장을 옹호하는 움직임이 대서양을 건너 미국으로 넘어갔는데, 그 주창자는 옥타비우스 B. 프로싱엄이라는 이상한 이름을 가진 목사를 비롯한 개혁가들이었다. 이들은 시신이 "부패한 덩어리"보다 "하얀 재"가 되는 것이 낫다고 믿었다.(다음에 나올 나의 드론 포크 앨범 제목은 '옥타비우스 B. 프로싱엄의 화장 개혁'이다.)

미국 최초로 '현대적이고 과학적인' 화장을 하게 된 시신은 조지프 헨리 루이스 찰스 드팜 남작의 시신이었다.(드론 포크 앨범 제목은 이제 '드팜 남작의 화장'이 되었음을 덧붙인다.) 착한 남작, 돈이

라곤 한 푼도 없는 호주의 귀족, 《뉴욕트리뷴》에서 "주로 시신으로 유명하다."(본인에겐 속이 타버릴 발언이다. 실제로 시신도 탔고.)라고 언급된 이 사람은 1876년 5월에 죽었다.

화장은 그가 죽은 지 여섯 달 후인 12월로 예정되어 있었다. 그동안 시신에는 비소가 주입되었고, 비소가 너무 약해 부패를 막지 못하는 것으로 판명되자 내장기관들을 몸에서 떼어내고 피부는 그 지역 장의사가 진흙과 석탄산으로 뒤덮었다. 뉴욕에서 펜실베이니아(그를 화장할 곳)로 가는 기차 여행에서, 미라처럼 변한 그의 시신이 화물차 속에서 잠시 없어져, 역사학자 스티븐 프로테로가 "섬뜩한 숨바꼭질 놀이"라 부른 사건이 일어나기도 했다.

이 첫 화장을 위한 화장장은 펜실베이니아주 어느 내과 의사 소유의 토지에 세워졌다. 거기에는 불꽃이 시신에 가닿을 필요도 없이 오직 열만으로 시신을 분해해서 화장할 수 있게 만든, 석탄으로 가열하는 용광로가 있다. 비록 의사는 화장이 "엄밀하게 과학적이고 위생적인 실험"이라고 했지만, 드팜 남작의 시신에 여전히 각종 향초가 뿌려졌고, 그는 장미꽃과 종려잎과 앵초와 상록수가 깔린 위에 눕혀졌다.

시신이 처음 화장로 속으로 들어갈 때는 관찰자들이 살 타는 냄새를 확실히 느꼈다고 보고했으나 그 냄새는 곧 사라지고 꽃과 향초 냄새만 났다. 한 시간 동안 화장로에 들어 있던 드팜의 시신은 희끄무레한 분홍색으로 빛나기 시작했다. 빛은 이내 황금색이 되었고 마침내 투명한 붉은색으로 빛났다. 두 시간 반이 지나자 시신은 분해되어 뼈와 잿더미가 되었다. 신문기자와 기고가

들은 이 광경을 보고 실험의 결과가 "오븐 속에 인간을 넣어 조심스럽게 냄새도 없이 구워낸 최초의 베이킹"이라고 선언했다.

그때부터 화장로는 커지고 빨라지고 효율이 높아지기만 했다. 약 150년 후, 화장은 기록적인 인기를 누리게 되었다.(2017년, 처음으로 매장보다 화장을 택하는 미국인이 많아졌다.) 그러나 화장 과정을 둘러싼 미학과 의례는 거의 바뀌지 않았다. 미국의 화장로는 아직도 1870년대에 도입된 모델, 11톤쯤 무게가 나가는 강철과 벽돌과 콘크리트로 된 비히모스◎와 비슷하다. 그런 기계들은 한 달에 몇천 달러 상당의 천연가스를 잡아먹고, 일산화탄소, 그을음, 이산화황, 그리고 독성이 강한 수은(치아의 봉에서 나오는)을 대기 중에 내뿜는다.

특히 대도시의 화장장들은 대부분 공업 지역으로 밀려나, 별 특징 없는 창고 속에 틀어박혀 있다. 내가 장의업계에 몸담은 9년 동안 일했던 세 화장장 중의 하나는 《로스앤젤레스타임스》 보급소로 쓰이는 창고 건너편, 배송 트럭들이 어느 시간이나 우르릉대며 몰려나가는 곳에 있었고, 하나는 '스트럭추럴 앤 터미트'사(아무도 뭐 하는 곳인지 모르는 곳) 창고 뒤에 있었고, 또 하나는 자동차 부품들을 분해해 고철을 폐기하는 폐차장 옆에 있었다.

묘지 내에 있는 화장장도 찾을 수야 있겠지만, 그런 시설들은 종종 묘지 관리 건물 안에 숨어 있다. 그 말은 화장에 입회하

◎ 구약성경에 나오는 야수. 코끼리, 하마, 코뿔소, 물소 같은 여러 동물을 닮은 신화적 존재. 커다랗고 강력한 개체에 은유적으로 이 이름을 붙인다.

고자 하는 조문객들은 존디어사의 제초기와 무덤에서 수거해온 썩어가는 꽃다발 더미 사이에서 이리저리 헤매야 화장로를 찾을 수 있다는 뜻이다.

어떤 화장장은 "삶을 예찬하는 시설"이나 "화장 헌정 센터"로 꾸며진다. 가족들은 유리창 너머 에어컨이 나오는 방에서 시신이 벽에 있는 작은 철문 속으로 사라지는 것을 지켜본다. 벽 너머에 감춰진 화장로는 창고에서 발견되는 공업용 오븐과 같은 기계이다. 그러나 가족들은 커튼 뒤에 숨은 마법사를 볼 수가 없다. 이런 위장 때문에 가족들은 죽음의 현실, 투박하고 환경적으로 비효율적인 기계의 현실과 한층 더 거리를 두게 된다. 어머니를 '화장 헌정 센터'로 모시고 왔다는 특권을 누린다는 이유로, 가격은 5000달러 이상으로 치솟는다.

야외 화장장으로 전환하면 이 모든 문제가 해결될 것이라고 말하는 것이 아니다. 장작을 쌓아놓고 화장하는 것이 규범인 인도와 네팔 같은 나라에서는 해마다 수백만 건의 화장이 이뤄지는데, 그 과정에서 5000만 그루 이상의 나무를 태우고 대기 중에 탄소를 배출한다. 이산화탄소에 이어, 탄소는 인간이 기후변화를 초래하는 두 번째 주요 요인이다.

그러나 크레스톤 모델이 대안이 될 수도 있다. 비영리단체 크레스톤 삶의 끝 프로젝트는 인도의 개혁가들로부터 몇 통의 연락을 받았다. 크레스톤식으로 나무를 덜 쓰고 대기 오염을 줄이기 위해 높이 세워진 장작 구조와 방법을 도입하고 싶다는 연락이었다. 만약 종교와 국가에 불가피하게 결부된 이 오래된 방식을 개혁하는 것이 가능하다면, 현대의 산업적인 화장로도 마찬가지로 개혁이 가능할 것이다.

로라는 몇 년 동안 크레스톤에 살았고, 그날 아침 장작더미 근처에 그 도시의 주민이 다 온 것 같았다. 로라의 아들 제이슨이 첫마디를 꺼냈다. 그의 시선은 줄곧 타오르는 불꽃을 향해 있었다. "엄마, 사랑해주셔서 고마워요." 그는 갈라지는 듯한 음성으로 말했다. "우리 걱정은 말고, 훨훨 날아서 이제는 자유로워지세요."

불이 계속 타오를 때 한 여자가 앞으로 나서더니, 자기가 11년 전 크레스톤에 처음 왔던 때를 말하기 시작했다. 자기가 이 도시에 이사 왔을 무렵에는 몇 년째 만성질병에 시달리고 있었다고 했다. "나는 크레스톤에 와서 즐거움을 찾았어요. 나는 내 병을 고쳐준 것이 구름과 탁 트인 하늘이었다고 생각했어요. 하지만 실제로는 로라 덕분이었어요."

다른 친구 하나가 말했다. "우리는 모두 그저 인간일 뿐이에요. 다들 결점이 있어요. 그런데 로라에게는 결점을 전혀 찾을 수 없었어요."

불길은 재빨리 로라의 산호색 수의를 먹어치웠다. 조문객들이 말을 하고 있는 중에도 불길은 솟구쳐, 드러난 살과 부드러운 조직 층에 닿았다. 신체 조직은 대부분이 물이라, 불길에 닿아 수분이 증발하자 쪼그라들고 사라졌다. 내장기관이 드러났고 그러다 불길에 폭삭 무너졌다.

이런 걸 처음 보는 사람들 눈에는 섬뜩한 광경이겠지만, 크레스톤 삶의 끝 자원봉사자들은 바지런히 움직여 장작더미 속에서 무슨 일이 일어나고 있는지 대중이 보지 못하게 했다. 그들은 세련되고도 전문가다운 태도로 움직이면서, 냄새가 나지 않도록, 그리고 혼자 떨어져나간 머리나 숯검정이 된 한쪽 팔이 사람들 눈에 띌 위험이 없도록 확실히 해두었다. "우린 시체를 사람들로부터 숨기려는 게 아니에요." 스테파니가 설명했다. "단지 화장은 온 공동체에 열려 있는 경우가 많고, 누가 참석할지, 또 장작더미가 불러일으킬 수 있는 강렬한 느낌에 참석자들이 어떻게 반응할지는 모를 일이죠. 사람들은 언젠가 자기도 그 장작더미 위에 얹히는 상상을 하거든요."

의식이 진행됨에 따라 자원봉사자들은 장작 주위를 살금살금 다니며 장작을 추가했다. 화장의 전 과정에 걸쳐 끈으로 묶어둔 장작더미의 3분의 1을 태웠다. 이는 1.2세제곱미터 정도 되는 양이다.

불길이 계속 타오르면서 이제 로라의 뼈에 가까워졌다. 무릎뼈, 발꿈치뼈, 그리고 얼굴뼈가 먼저 타올랐다. 불이 대퇴골과 팔다리뼈에 이르기까지는 시간이 좀 더 걸렸다. 그녀의 해골에서 물이 증발했고, 이어 유기물질이 증발했다. 그녀의 뼈 색깔은 흰색에서 회색, 검은색으로 변했다가 도로 흰색이 되었다. 장작의 무게가 석쇠 밑의 땅 쪽으로 로라의 뼈를 눌렀다.

불 지키는 사람 중 하나가 긴 쇠막대기를 꺼내 뼈를 불 속으로 밀어 넣었다. 쇠막대는 로라의 머리가 있던 자리를 뒤적였지만, 두개골은 이미 사라진 상태였다.

크레스톤에서는 각각의 화장이 독특하다고 들었다. 어떤 화장은 간단해서 "불만 붙이고 어서 가보세요." 하는 식이다. 또 어떤 화장은 몇 시간씩 걸리기도 하는데, 그동안 조문객들은 정교한 종교 의례나 영적 의식을 올린다. 어떤 경우에는 좀 더 간소하게 진행된다. 장작 위에 테킬라 2리터와 마리화나를 올려놓기를 원했던 어느 청년의 화장이 그랬듯이 말이다. "뭐, 바람이 불어오는 쪽에 있었던 모두가 즐겼다고 할 수 있죠." 한 자원봉사자가 내게 말했다.

한 가지 일관된 점은 장작 체험이 그 자리에 참석한 사람들을 이전과 다르게 변화시킨다는 것이다. 그들이 화장한 가장 젊은 사람은 트래비스였다. 그는 이제 겨우 스물두 살이었는데 자동차 충돌 사고로 죽었다. 경찰 보고서에 따르면, 그와 그의 친구들은 음주 상태로 만취한 가운데, 컴컴한 시골 도로를 너무 빠른 속력으로 달렸다고 한다. 차가 뒤집혔고 트래비스는 튕겨 나가 현장에서 즉사 판정을 받았다. 크레스톤과 인근 도시의 청년들이 모두 와서 그의 화장에 참가했다. 트래비스의 시체가 장작 위에 놓이자, 그의 어머니가 아들을 덮은 수의를 끌어내려 얼굴을 드러내고 이마에 입 맞추었다. 트래비스의 아버지는 공동체 구성원이 다 보는 앞에서 교통사고를 낸 운전자의 얼굴을 붙잡고 말했다. "날 보게, 난 자넬 용서하네." 그리고 장작에 불이 붙었다.

로라의 화장이 시작된 지 약 한 시간이 지나자, 좌중을 덮고 있던 슬픔의 장막이 걷혔다. 마지막 연설자가 앞으로 나서서 대중 연설을 했다. 그 방식은 불과 90분 전만 해도 부적절했을 것이다. "로라가 얼마나 멋진 인물이었는지에 대해 여러분이 말씀하신 것은 모두 사실입니다. 하지만 내 마음속에서 로라는 항상 꾸밈없는 할머니로 남을 겁니다. 파티를 좋아했던 로라를 향해 울부짖고 싶네요."

"우우우우우우……." 그녀는 자기 주위에 합류하는 군중과 함께 소리 질렀다. 방금 전까지만 해도 너무 수줍어서 나뭇가지를 내려놓지도 못했던 나도 머뭇거리며 소리를 내질렀다.

그날 아침 9시 반쯤 되니 장작 옆에는 스테파니와 나(그리고 로라의 유해)만 나무 벤치에 앉아 자리를 지키고 있었다. 마지막 잉걸불이 조용히 타오르는 가운데 장작 세 개가 남아 있었다. 소방과에서 보내준 적외선 열측정기로 재보니 잉걸불의 온도는 섭씨 677도가 넘었다.

스테파니는 보통 화장터에 가장 먼저 도착해서 가장 마지막까지 남아 있었다. "전 이 고요함이 좋아요." 그녀가 말했다.

몇 분 더 있다가 스테파니가 갑자기 일어서더니, 석쇠 하나를 들어 살펴보았다. "이건 불똥이 튀는 것을 막기 위해 폴이 새로 고안한 거예요. 바람 부는 밤에 재가 날리지 않게 한 것이지요. 장작더미들은 밖으로 빠져나올 수 없겠지만 잉걸불에서 튀는 불꽃은 어떨까요?"

몇 분 뒤에 스테파니는 소방서와 통화해서 이 '불똥 막이'에 대한 시험과 점검을 예약했다. 그 끝없는 에너지 덕분에 그녀는 오랫동안 앉아 있을 수가 없었다. 그녀가 이 야외 화장터를 현실화하기까지 어떻게 수년간 참고 기다릴 수 있었는지 궁금할 정도였다. "공동체가 우리를 받아들일 때까지 기다리는 건 정말 진빠지는 일이었어요. 꾹 참는 게 너무 힘든 일이었지요."

크레스톤에 오래 있을수록, 그곳이 마치 메이베리◎ 마을의 병적인 버전처럼 느껴졌다. '크레스톤 삶의 끝' 사람들은 지역 주민들이 '삶의 끝(사망)'과 관련된 서류를 작성했는지 확인하기 위한 일종의 모임을 연다. 주민들은 종종 우체국에서 스테파니를 멈춰 세우고는 "마침 여기 계셨네요. 저 사전의료의향서◎◎ 작성하러 다음 모임에 갈게요."라고 말한다. 크레스톤 주민들은 누군가 세상을 떠났을 때 어떻게 해야 하는지 알고 있다. 집에 들어가서 시체를 수습하던 자원봉사자들이 말하기를, 유가족이 이런 말을 하기 시작했다고 한다. "오, 와주셔서 감사하지만 괜찮아요. 저희가 직접 할게요."

소도시 사람들답게 시신에서도 소박한 느낌이 났다. 죽으면 크레스톤 자연장◎◎◎ 묘지(콜로라도주 최초)에 묻히기로 결심한 여성 분이 있었다. 그녀가 죽었을 때, 딸들이 시신을 러버메이드사 밀폐용기에 얼음과 함께 담아 트럭 뒤에 실어 덴버로부터 운반해 왔다.

◎ 시트콤 「앤디 그리피스 쇼」의 배경이 된 가상의 장소로, 거주하기 좋은 이상적인 마을을 은유적으로 표현하기 위해 종종 인용된다.

◎◎ 죽음이 임박했을 때, 어떤 치료는 하고 어떤 치료는 하지 말아 달라는 의사를 미리 밝혀 놓은 서류.

◎◎◎ 시신 혹은 유골에 방부처리를 하지 않고 매장한 후, 시신이 땅속에서 부패하고 분해되어 자연의 일부가 되게끔 하는 매장 방식.

"매장할 때까지 그분을 모셔놓을 곳이 없었어요." 스테파니가 말했다. "그래서 밤새 마을 박물관에 두기로 했습니다."

딸들은 그 아이디어를 좋아했다. "어머니는 생전에 역사를 참 좋아하셨으니, 거기에 기꺼이 들어가실 거예요."

자연장 묘지에는 누구나 들어갈 수 있지만, 장작은 이 공동체에 속한 사람에 한해 사용할 수 있었다. 이 비영리단체에는 미국 전역에서 힌두교 신자, 불교 신자, 아메리카 원주민, 죽은 뒤 자기 시체를 크레스톤으로 보내길 바라는, 장작불을 좋아하는 사람들로부터 전화가 걸려온다. 이곳은 소수의 자원봉사자로 운영되기 때문에, 시외의 시신까지 관리할 인력이나 여력이 없다.(설령 그럴 능력이 있다고 해도 크레스톤 지역자치위원은 근처 지역의 요청만 받아들일 수 있다.) 거절해야만 한다는 것은 쌍방에게 다 어려운 일이다.

딱 한 번 예외로 한 것은 9개월간 실종되어 광범위하게 수색하다 찾은 조지아주 출신 등산객의 사례였다. 그래봐야 그의 일부인 척추뼈, 엉덩이, 한쪽 다리만 찾았을 뿐이지만. 그들은 고인이 '사후 거처'를 정해놓았다고 생각해 그곳에서 화장하는 데 동의했다.

장작불 장례가 무척 마음에 들었던 어떤 사람들은 야외 화장을 할 자격을 얻으려고 심지어 크레스톤에 땅을 사놓기도 했다. 한 42세 여성은 자기가 자궁경부암으로 죽을 것이 확실해지자 크레스톤에 작은 땅뙈기를 구입했고, 그녀가 죽자 열두 살 난 딸이 시체를 수습해 장작 위에 올리도록 도왔다.

활활 타는 장작불 속에 폭 감싸이는 것을 그리는 이 실존적 열망은 세계 어디에나 있다. 인도에서는 가족 구성원들이 시체를 운구해 갠지스 강둑을 따라 줄지어 선 화장장까지 갖고 간다. 아버지가 죽으면 장남이 장작에 불을 붙인다. 불길이 점점 뜨거워지면 아버지의 살은 부글부글 끓어오르다가 종내에는 타서 사라진다. 그리고 때맞춰 나무 막대가 등장해 고인의 두개골을 쪼갠다. 그 순간 고인의 영혼이 그리로 자유롭게 빠져나간다고 믿는다. 어느 아들은 부모님의 화장을 묘사하며 이렇게 썼다. "(두개골을 부서뜨리기) 전에는 떨리죠. 몇 시간 전만 해도 살아 계셨으니까요. 하지만 일단 두개골을 탁 치고 나면, 바로 앞에서 타고 있는 것은 어쨌든 몸일 뿐이라는 것을 알게 됩니다. 모든 집착이 사라지지요." 스피커를 통해 "죽음이여, 그대는 우리를 이긴 줄 알지만 우리는 장작을 불태우며 노래 부른다."라는 인도 영가가 울려 퍼지면, 영혼은 자유로워진다.

서양에 살고 있는 힌두교인 피투 라우가니는 상업적이고 산업화된 화장을 지켜보는 고통에 대해 설명한다. 시체를 장작불 위에 올려놓는 대신, 조문객들은 관이 "전기로 움직이는 수하물 컨베이어벨트 장치 위에서 주룩 미끄러져 감춰진 구멍 속으로 떨어지는 것"을 지켜본다. 강철과 벽돌로 된 방에 갇힌 상태에서 두개골이 쪼개져 열리면, 고인의 영혼은 기계 안에 갇히게 된다. 그리고 그 안에 사로잡힌 수천의 다른 영혼과 강제로 섞이게 되는 것이다. 그것은 '아칼 므르탸', 즉 '나쁜 죽음'이 될 것이다. 가족들에게 화장의 전 과정은 "사람을 불안하게 하고 심지어 괴기한 체험"이 될 수도 있다.

힌두교 활동가 다벤더 가이는 영국 뉴캐슬 시의회에서 크레스톤의 것과 같은 야외 화장을 합법화하느라 몇 년간 투쟁해왔다. 가이는 법정 싸움에서 이겨, 야외 화장이 영국에서 곧 실현될 수 있게 되었다. 그는 설명했다. "상자에 마구 담겨 화장로 속에서 재가 되는 것은, 평소 존엄성에 대한 나의 신념과는 다르며, 그렇다고 옛날식 의식을 올리는 것은 더더욱 아니라고 본다."

야외 화장을 원하는 모든 시민에게 이를 허하는 것은 간단한 일이다. 하지만 주 정부 관할의 장의 위원회가 이 방안에 엄청나게 반발했다. 크레스톤의 괴팍한 이웃들처럼 그들도 야외 화장은 통제하기가 너무 어렵다는 등, 알게 모르게 대기 질과 환경에 영향을 줄 것이라는 등 주장을 늘어놓는다. 야외 화장도 여느 산업적 화장장처럼 안전 규정 준수에 대한 검사를 받을 수 있다는 것은 크레스톤이 입증한 바 있다. 환경부는 야외 화장이 환경에 미치는 영향을 알아내기 위해 테스트를 할 수 있으며, 그에 따라 규제도 할 수 있다. 그렇다면 주 정부에서는 왜 계속 반대를 하는 걸까?

그 답은 뻔할 뿐만 아니라 절망적이다. 돈 때문이다. 미국식 장례 비용은 평균 8000달러에서 1만 달러 사이이다. 매장 절차와 묘지 비용은 포함되지 않은 가격이다. 크레스톤 삶의 끝 프로젝트에서 뽑아본 장례 비용은 500달러이다. 이 돈은 엄밀히 말하자면 장작 구입, 소방서 직원들의 입회, 들것 비용, 토지 사용 등에 대한 기부금에 가깝다. 비용적인 측면에서 보면, 이는 전통적인 미국 장례 비용에 비해 대략 5퍼센트밖에 안 되는 금액이다. 돈이 없어도 이 공동체의 일원이라면, 이 단체에서는 심지어 비용을 더 깎아줄 수도 있다. 가이는 영국에서 앞으로 이뤄질 장작 화장에도 비슷한 방식을 도입할 것이라 약속한다. 그 계획은 900파운드(약 136만 원)를 받는 것이지만, 그는 이렇게 말한다. "우리는 이 일을 앞으로는 자선사업으로, 무료로 할 겁니다. 원하는 사람들은 단지 땅만 찾으면 됩니다."

돈이나 이익과 관련 없는 21세기 장례 절차란 거의 찾아보기 어렵다. 그 이유는 주로 그 일을 성취하기가 너무 어렵기 때문이다. 허리케인 카트리나가 지나간 다음, 루이지애나주 남부에 살던 일단의 베네딕토 수도원 수사들은 수제 사이프러스 나무 관을 저렴하게 팔기 시작했다.

방부처리사와 장례지도사로 구성된 루이지애나주의 위원회는 다른 장의사들이 이 관을 팔지 못하게 정지 명령을 발동하면서, 오직 자기들이 속한 위원회에서 자격증을 받은 장의사만이 이 '장의용품'을 팔 수 있다고 주장했다.

연방 판사도 이 관 판매에는 아무런 공중 보건의 위험성이 없는 것이 확실하며, 위원회의 동기는 오로지 경제적 보호주의에서 비롯된 것일 뿐이라고 말하며 수사들 편을 들었다.

법적으로나 물류적으로나 장의업과 그 규제를 피해 공동체를 위한 비영리적 죽음 서비스를 만드는 것은 거의 불가능한 듯했다. 장의 위원회가 수사(수사란 말이다!)들을 공격하는 판국에, 크레스톤의 성취가 실로 얼마나 놀라운 것인지 전하는 일은 하나의 도전과도 같다.

크레스톤에서 장례를 치른 다음 날 아침, 나는 화장을 하는 동안 사람들이 빙 둘러섰던 원 안으로 들어섰다. 사랑스러운 개 두 마리가 장작 주위에서 짖으며 나를 반겨주었다. 맥그리거는 스테파니의 남자형제이자 재를 모으는 자원봉사자로, 그날 아침 일찍 로라의 유해에서 17리터가량 되는 뼈와 재를 추려내려고 와 있었다. 잿더미에서 그는 제일 큰 뼛조각인 대퇴골 덩어리와 갈비뼈, 그리고 두개골을 따로 추려냈다. 어떤 가족들은 그것을 집에 가져가 유골로 보존하고 싶어 하기 때문이다.

폴저스 커피통에 담길 만한 양의 유해만 남기는 전형적인 상업적 화장에 비하면 이 잿더미에 쌓인 재가 확연히 더 많았다. 캘리포니아주에서 우리는 이 뼈를 '분쇄기'라 불리는 은색 기계에 넣고 갈아서 "알아볼 수 없는 뼛가루가 되게 해달라."는 요청을 받곤 한다. 캘리포니아주는 유가족에게 좀 더 크고 알아볼 수 있는 뼈를 돌려주는 것을 못마땅하게 여긴다.

로라의 친구 몇몇이 재의 일부를 갖고 싶어 했고, 남는 재가 있다면 장작 주위의 언덕이나 산속 깊은 곳에 뿌리게 되어 있었다. "엄마는 그걸 좋아하셨을 거예요." 제이슨이 말했다. "이제 엄마는 세상 어디에나 계셔요."

나는 어제 화장 후 뭔가 달라진 게 있느냐고 제이슨에게 물었다. "지난번 여기를 방문했을 때는 엄마가 장작불을 보여주려고 저를 데려오신 거였어요. 전 혼란스러웠죠. 내가 나중에 저기

저 벤치에 앉아서 우리 엄마를 혼자서 화장하겠구나 생각했어요. 너무나 병적으로 보였어요. 사흘 전, 내가 지금 무슨 짓을 하러 크레스톤에 가고 있나 생각하니 끔찍하더군요. 하지만 엄마는 말씀하셨어요. '네가 오든 안 오든, 이게 내가 내 몸을 위해 선택한 거란다.'"

제이슨이 어머니 시신을 밤새 지키기 위해 집에 도착한 순간부터 뭔가 달라지기 시작했다. 화장할 때가 되자 그는 공동체 구성원 모두가 곁에 있다는 걸 깨달았다. 그들은 이야기하고 노래하며, 어머니를 사랑했던 모두가 그를 기꺼이 지탱해주었다. "그게 내 맘을 움직였어요. 그게 바로 달라진 점이죠."

잿더미 위에 구부정히 몸을 굽힌 채로 맥그리거가 로라의 아들 제이슨에게 그들이 지금 무엇을 보고 있는지를 설명해주었다. 그는 열을 가한 다음에 뼈가 얼마나 부서지기 쉬운지, 작은 뼛조각을 손으로 직접 부수면서 보여주었다.

"이게 뭐죠?" 제이슨이 잿더미에서 작은 금속 조각을 끄집어내며 물었다. 그건 로라의 시신을 장작더미 위로 가져왔을 때 로라가 차고 있던 스와치 시계의 반짝이는 앞면이었다. 장작불의 열 때문에 구부러져 무지갯빛을 띤 시계는 오전 7시 16분에 영원히 멈춰 있었다. 장작불이 로라를 집어삼킨 바로 그 순간이었다.

마네네 의식
인도네시아 남술라웨시 토라자

인도네시아의 한 외딴 지역에는 고인과 사람들이 생각지도 못할 만큼 오랜 시간 함께 지내며, 시신과 상호작용하는 데 성지라 불리는 곳이 있다. 나는 지난 몇 년간 내 힘으로 이곳을 방문하는 것은 불가능하리라고 생각해왔다. 하지만 나는 중요한 한 가지 사실을 잊고 있었다. 나는 폴 쿠두나리스 박사를 알고 있었던 것이다.

어느 봄날, 나는 죽음을 연구하는 학자이자 오랫동안 로스앤젤레스 컬트계의 보물 같은 존재였던 폴 박사의 집에 앉아 있었다. 앉았다는 것은 말 그대로 딱딱한 나무 바닥에 앉아 있었다는 뜻이다. 폴 박사가 "모로코 해적 성"이라고 부르는 그 집에는 가구가 없었다. 그 대신 박제된 동물 모음과 르네상스 시대 미술 작품, 그리고 천장에 매달린 중동풍 등불이 있었다.

"8월에 마네네◎를 보러 '타나토라자◎◎'에 갈 겁니다."

폴이 특유의 천연덕스러운 투로 말했다. 그는 지난 12년간 세계 일주를 하면서 르완다의 매장 동굴부터 사람 뼈로 장식된 체코의 교회들, 그리고 승려의 미라를 머리에서 발끝까지 황금 잎으로 뒤덮어 안치한 태국의 사원까지, 죽음과 관련된 모든 것을 사진 찍어왔다. 이 남자는 볼리비아 시골에 가기 위해 2차 세계대전 때 낙하산 부대원이 냉동육을 싣고 가는 데 쓰인 비행기도 탔던 사람이다. 그때 그 말고 다른 승객이라고는 농부 한 사람과 그의 돼지, 양, 개뿐이었다. 비행기가 난기류에 흔들리자, 짐승들은 황급히 흩어졌다. 폴과 농부가 그 짐승들을 잡으려고 달려들자, 부조종사가 뒤를 돌아보더니 소리쳤다. "기체를 흔들지 마세요. 이러다 추락하겠어요!" 폴은 토라자 여행 정도는 거뜬히 해낼 만한 인물이었다.

그는 나에게 동행을 제안하며 이렇게 말했다. "하지만 미리 경고하건대, 그곳까지 가는 여정 자체가 아주 고달플 거예요."

그로부터 몇 달 후, 우리는 인도네시아에서 가장 큰 도시 자카르타에 도착했다. 인도네시아는 1만 7000개 이상의 섬으로 이

◎ 죽은 이들을 무덤에서 꺼내 씻기고 경의를 표하는 의식.
◎◎ '토라자 사람들의 땅'이라는 뜻.

루어져 있으며, 세계에서 네 번째(중국, 인도, 미국 다음)로 많은 인구를 자랑하는 나라이다.

다음 비행기를 갈아타기 위해 우리는 여권 심사대로 느릿느릿 걸어갔다.

"인도네시아에서 어디를 여행하시죠?" 데스크에 있는 젊은 여자가 유쾌하게 물었다.

"타나토라자요."

장난스러운 미소가 그녀의 얼굴 가득 퍼졌다. "시체들을 보시게요?"

"그렇습니다."

"오, 정말요?" 그녀는 처음 했던 질문이 그저 예의 바른 대화를 위한 것이었던 듯, 당황한 기색이었다. "저, 그 시체들은 혼자서 걷나요?"

"아니요, 가족들이 붙잡고 있죠. 좀비하고는 달라요." 폴이 대답했다.

"전 시체들이 무섭거든요!" 그녀는 도장을 찍어 우리를 통과시키면서, 옆 부스의 동료에게 겁먹은 듯한 웃음을 지었다.

마침내 남술라웨시주의 중심 도시인 마카사르에 도착했을 때, 나는 서른아홉 시간 동안 잠을 자지 못한 상태였다. 공항에서 숨이 턱턱 막히는 야외로 나서자, 폴이 유명인사라도 되는 것 마냥 사람들이 떼 지어 몰려들었다. 참, 폴이라는 사람 자체가 그가 사는 집만큼이나 요상한 외양을 하고 있다는 것을 언급하는 걸 잊어버렸다.(나로서는 그의 미학적인 안목을 최대한 존중해 표현한 것이다.) 그는 굵은 레게 머리에, 마술사처럼 수염을 아주 길게 길러 구슬로 장식하고, 문신을 하고 있었다. 여기에 자주색 벨벳 프록코트를 입고 챙에 족제비 두개골을 매단 모자를 쓰고서 여행했다. 아무도 그의 나이를 알 수 없었다. 우리 둘의 공통의 친구였던 사람은 그를 다음과 같이 묘사한 바 있다. "팀 버튼이 재창조한 18세기식 노상강도"라고. 폴은 자기 자신을 "가수 프린스와 블라드 공작◎ 사이에 있는 존재"라고 설명한다.

사람들은 미친 듯 택시를 잡다 말고, 폴의 문신과 두개골 달린 모자를 자세히 들여다보았다. 특이한 외모 덕분에 폴은 누구도 접근할 수 없는 공간, 이를테면 잠긴 문의 안쪽과 은밀한 수도원, 뼈를 안치해둔 지하실까지 들어갈 수 있었다. 사람들은 당황한 나머지, 그를 막지 못했다.

호텔에서 낮잠 잘 시간도 없이, 우리는 바로 기사를 찾아 북쪽으로 여덟 시간 동안 차를 타고 휙 올라갔다. 길 한편에는 푸른 논이 펼쳐지고, 물소들이 진흙탕 속으로 나른하게 텀벙텀벙 뛰어들고 있었다.

우리가 남쪽 저지대를 차로 누비고 있을 때, 길가의 이슬람 사원 스피커에서 신자들의 기도 시간을 알리는 소리가 증폭되어 들려왔다. 인도네시아인 대부분이 지금은 이슬람교를 믿지만, 네덜란드인들이 1900년대 초반 기독교를 들여오기 전까지는 타

◎ 1431~1476. 루마니아 남부 왈라키아를 다스리던 군주의 차남. 흔히 '블라드 체페슈' 혹은 '블라드 드라큘라'로 불린다.

나토라자의 외딴 산속에 살던 주민들은 '알루크 토돌로(조상들의 길)'라는 애니미즘 종교를 신봉했다.

얼마 후 우리는 산중에 들어섰다. 운전자는 SUV를 몰고 구불구불한 2차선 도로를 질주하며, 주위의 오토바이 및 트럭 들과 끝없이 앞지르기를 하며 이들을 싹싹 피해 올라갔다. 인도네시아어를 할 줄 몰랐던 나는 마침내 "기사님, 장난이 아니라 진짜 토할 것 같아요."라는 뜻이 담긴 보편적 상징을 손짓 발짓으로 표현해야만 했다.

토라자에 도착할 때쯤, 수면 부족으로 헛것이 보이기 시작했다. 하지만 폴은 비행 중에 여러 번 잠을 잤던지라, 어두워지기 전에 근처에 있는 동굴 무덤에 가서 사진을 찍고 싶어 했다.

올라가 보니 론다 동굴 무덤에는 아무도 없었다. 절벽 면을 따라 아슬아슬하게 세워진 비계◎ 위에 배나 물소, 돼지 모양이 그려진 우루 나무 관들이 잔뜩 쌓여 있었다. 방사성탄소연대측정에 따르면, 이런 관들은 기원전 800년부터 토라자에서 사용되었다고 한다. 두개골들은 관에 난 틈으로 빼꼼 내다보며, 마치 참견하기 좋아하는 이웃들처럼 우리가 당도하는 것을 지켜보고 있었다. 관을 이룬 목재가 썩으면서, 그 속에 담겨 있던 뼈들이 굴러 나와 벽면을 따라 떨어졌다.

더욱더 초현실적인 것은, 관들 바로 옆에 줄지어 선 타우타우들이 마치 중요한 마을 회의라도 하듯 앉아 있다는 것이었다.

◎ 건설 현장 등 높은 곳에서 공사하기 위해 임시 설치하는 구조물.

타우타우란 토라자 사람들이 나무에 고인의 모습을 실제처럼 새겨놓은 인형이다. 동굴에는 익명의 뼈들이 흩어져 있었고, 타우타우는 이 뼈들의 영혼을 상징했다. 옛날 타우타우를 보면 둥그렇고 허연 두 눈과 제멋대로 자라난 머리칼 등이 조잡하게 새겨져 있다. 좀 더 현대적인 타우타우는 어찌나 실제 같은지 얼굴선도 섬세하고 무사마귀와 핏줄이 드러난 피부까지 보인다. 안경을 쓰고, 옷을 입고, 보석도 걸친 타우타우들은 우리를 동굴 속으로 맞이하기 위해 당장이라도 지팡이를 짚고 일어날 것처럼 보였다.

어두운 동굴 안에는 두개골들이 바위에 난 틈과 자연적으로 튀어나온 돌을 따라 나란히 서 있었다. 어떤 것은 피라미드 형태로 가지런히 쌓여 예술적으로 정리되어 있었고, 어떤 것은 위아래가 거꾸로 뒤집혀 있었다. 어떤 것은 하얗게 바래 있었고, 어떤 것은 이끼에 덮여 생생한 초록색을 띠고 있었다. 어떤 것은 유쾌하게 담배를 입에 꼬나물고 있었는데, 아래쪽 턱뼈(두개골의 나머지 부분은 없었다.)만이 남아 한꺼번에 담배 두 대를 피워 물고 있었다.

폴은 작은 구멍을 가리키며 자기를 따라오라는 몸짓을 했다. 그것은 동굴의 다른 방으로 이어지는 통로인 듯했다. 어둠 속에서 눈을 가느스름하게 뜨고 보니, 그 터널을 지나가려면 배를 깔고 기어가야 한다는 것을 알 수 있었다.

"오, 괜찮아요. 난 여기 있을게요."

폴은 로스앤젤레스 지역에 있는 구리, 부석을 캐던 버려진 광산에 몰래 들어가던 사람이다.(왜냐하면 그는 그러고도 남을 사람이니까.) 폴이 입은 자주색 프록코트 밑단이 구멍 속으로 사라졌다.

유일한 빛의 원천인 휴대폰 배터리가 2퍼센트만 남자, 나는 휴대폰을 끄고 어둠 속에서 두개골들 사이에 앉았다. 1분, 2분이 흘러 5분이 되고 20분쯤 되었을 때 어둠을 뚫고 갑자기 랜턴 불빛이 들어왔다. 어머니와 10대 자녀 여럿으로 이뤄진 일가족으로, 그들은 자카르타에서 온 인도네시아인 관광객이었다. 그들의 관점에서는 내가, 차고 벽에 헤드라이트가 비치자 꼼짝없이 사로잡힌 주머니쥐 한 마리처럼 보였을 것이다.

한 청년이 내 팔꿈치 근처에 자리 잡더니 우아하고 교양 있는 영어로 이렇게 말했다. "저어, 죄송합니다만, 카메라를 주의 깊게 쳐다봐주시겠어요? 그럼 멋진 인스타그램 사진이 완성되겠습니다."

플래시가 터졌고, 나의 이미지는 '#론다동굴'이라는 해시태그를 달고 인스타그램으로 보내졌다. 이것이 그 순간에는 이상하게 느껴졌지만, 두개골이 가득 찬 동굴 구석에서 키 180센티미터에 물방울무늬 드레스를 입은 백인 여자를 발견한 것이 어째서 인스타그램에 올릴 만한 순간이 되는지 알 수 있었다. 그 가족들은 이동하기 전에 나와 여러 포즈로 사진을 몇 장 더 찍었다.

나는 란테파오시에 있는 호텔에서 열네 시간 동안 혼수상태에 빠진 것마냥 자고 나서 상쾌한 기분으로 깨어났다. 우리는 가이드 아구스를 만나러 로비로 내려갔다. 그는 체구가 작고 다부지면서도 딴딴하고 잘생긴 청년이었다. 아구스는 25년간 깊은 밀림과 래프팅 장소로 네덜란드와 독일 관광객 들을 데리고 다녔지만, 근년 들어 그와 폴 사이에는 죽음에 초점을 맞춘 특별한 관계가 형성되었다. 아구스는 우리가 보러 온 마네네 의식이 다음 날 있을 거라고 했다. 오늘 겪은 일은 마네네, 즉 토라자 특유의 장례를 위한 준비과정 정도가 될 것이라는 말이었다.

우리는 아구스의 SUV를 타고 에메랄드빛 언덕 사이로 끝없이 이어진 비포장도로를 천천히 내달렸다. 차가 몇 킬로미터 달리는 동안 운전자 뒤에 초록색 밧줄로 검은 돼지를 묶고 달리는 오토바이를 뒤따라가게 되었다. 나는 좌석에서 황급히 앞쪽으로 몸을 내밀어서 그 광경을 쳐다보았다. 저 돼지는 죽은 돼지인 걸까? 때마침 돼지의 발굽이 헤엄치듯 허우적거리며 움직이기 시작했다. 아구스가 나를 보았을 때 나는 돼지를 보고 있었다. "돼지는 사람이 떠메고 가는 것보다 자전거나 오토바이에 실어 나르는 것이 더 힘들죠. 계속 꿈지럭거리거든요."

그 돼지는 우리가 참석하는 그 토라자 주민들의 장례식에 가는 길이었다. 돼지와 우리 중 하나는 분명 돌아오지 못할 것이다.

장례식을 눈으로 보기 전에 소리부터 들려왔다. 북소리와 심벌즈 소리가 이어졌다. 우리는 시신을 뒤따르는 사람들 무리에 끼어들었다. 시체가 토라자의 전통 가옥을 본떠 만든 집 모형 안에 실려 운구되고 있었다. '통코난'으로 알려진 이 가옥은 이제껏 본 어느 집과도 비슷하지 않았다. 기둥 위에는 하늘을 향해 양옆으로 높이 치솟은 지붕이 얹어 있다. 그 소형 가옥 안에 든 시신을 청년 서른다섯 명이 어깨 위에 메고 날랐다.

시신이 주변부를 돌며 조금씩 전진하자 마당 한복판으로 군중이 밀려들었다. 진행 속도는 더뎠다. 집이 예상보다 무거웠는지 사람들이 30초마다 한 번씩 멈춰 바닥에 내려놓아야 했다.

마당 한가운데 튼실한 물소 한 마리가 점잖게 서 있었다. 그것은 앞으로 뭔가 위협적이고 심상치 않은 일이 일어날 거라는 뜻이었다. 짧은 밧줄로 땅에 매인 물소는 마치 영화 「쥐라기 공원」에서 배고픈 티라노사우루스 먹이로 내버려둔 양 같았다. 체호프가 연극에 대해 말했듯이, 1막 무대에서 총을 숨기지 않고 내보였다면 최종 막이 오르기 전까지는 그 총이 발사되는 편이 낫다.

관광객들(적어도 피부색이 희고 서구 억양으로 말해 관광객임을 확실히 알 수 있는 사람들)은 마당 저 멀리 뒤쪽 구석에 몰려 있었다. 이는 토라자의 죽음 관광이 빚어낸 주요한 긴장이었다. 어떻게 해야 관광객들을 죽음 의례와 멀지도 가깝지도 않게 만들 것인가. 우리가 J구역으로 밀려난 것은 극히 공정한 처사로 보였다. 나는 구경하려고 자리에 주저앉았고 폴은 사진을 찍으려고 카메라를 세웠다. 이날 그는 습한 날씨에 좀 더 잘 맞는 옷을 입고 나왔다. 그는 청 멜빵바지 작업복에 보안관 뱃지를 달고, 물방울무늬 양말을 신고 카우보이모자를 쓰고 있었다.

일부 눈치 없이 행동하는 관광객도 있었다. 어느 남녀 한 쌍은 VIP 구역에 있는 유가족석에 접이식 의자를 놓고 걸터앉았다. 지역 주민들은 너무 예의가 바른 탓에 이들을 보고 차마 나가라고 하지 못했다. 머리를 금발로 조잡하게 물들인 독일 중년 여자가 행사 진행 중인 마당 한복판으로 걸어 들어왔다. 그 사람은 이곳 아이들 얼굴 사이로 아이패드를 밀어넣으며 사진을 찍고, 말보로 레드 담배를 연달아 피워댔다. 나는 공연장에서 쓰는 지팡이를 휘둘러서 그 사람을 쫓아내고 싶었다.

타나토라자 관광은 근년 들어 발전한 것으로, 1970년 이전에는 거의 들어보지도 못한 것이었다. 인도네시아 정부는 발리와 자바 같은 섬의 관광 진흥에 집중해왔지만(그래서 큰 성공을 거두었지만), 이곳 타나토라자에는 다른 곳에 없는 그 무엇이 있었다. 즉 인상적이고 의례화된 죽음이 있었다. 주민들은 인도네시아 다른 지역 사람들이 이곳을 '인간 사냥을 다니는 야만인이 사는 흑마술의 고장'으로 보는 것을 더 이상 원치 않았고, 고급스러운 전통문화에 참여하는 사람들로 봐주길 원했다.

시신이 마당으로 들어갔다. 집 모형을 들고 가는 사람들은 그것을 위아래로 거칠게 흔들어댔다. 그들은 염송을 하고 끙끙거렸다. 기운이 다 빠져 집 전체를 내려놓아야 할 때까지 이를 계속하다가, 잠시 내려놓고 심호흡을 하고 나서 다시 이를 반복했다. 특히 서양의 운구 행렬에서 보이던 느리고 재미없는 속도에 비하면 이들의 끓어오르는 듯한 행위는 마치 최면을 거는 것 같았다.

시신은 로비누스 린틴이라는 이름의 남자의 것이었다.(토라자 사람이라면 과거 시제로 '것이었다.'가 아니라 현재 시제로 '것이다.'라고 말하리라.) 그는 생전에 정부에서 일하던 사람이었고 농부이자 마을에서 중요한 인물이었다. 내 뒤에는 로비누스의 얼굴을 그린 높이

1.5미터짜리 포스터가 서 있었다. 그림을 보면 60대 후반쯤 되는 남자가 하늘색 정장을 입고, 가는 붓 굵기로 존 워터스◎ 같은 콧수염을 기르고 있었다.

아이들은 구슬이 정교하게 붙은 의상을 입은 채 마당을 가로지르며, 꽥꽥대는 돼지를 대나무 둥치에 묶어 나르는 남자들을 요리조리 잘도 피해갔다. 이 남자들은 돼지들을 뒤쪽에 숨겨진 공간으로 가져갔다. 집의 정문은 닫혀 있었고, 문에는 디즈니 공주들이 그려진 융단이 걸려 있었다. 벨, 애리얼, 오로라 공주가 돼지 잡는 모습을 지켜보고 있었다. 아침에 본, 그 오토바이에 매달린 돼지도 여기 와 있는지 나는 궁금해졌다.

토라자식 장례는 각자 술(과 안주로 물소)을 챙겨가는 가벼운 행사가 아니다. 돼지와 희생되는 그 밖의 짐승은 다른 가족이 가져온 것이었고, 어느 집에서 뭘 가져왔는지 모두 다 주의 깊게 기록되어 있었다. 이곳에는 수년 동안 사람들이 장례에 오가도록 하는 일종의 '채무' 체계가 있다. 아구스가 말하기를 "예컨대 당신이 우리 어머니 장례에 돼지 한 마리를 가져왔으면, 나도 언젠가 당신네 집 장례에 돼지 한 마리를 가져가야 한다."고 한다. 토라자와 미국의 죽음 문화의 공통점은 이렇게 돈을 많이 쓴다는 점이다. 그 누구도 고인을 무례하게 대한다고 여겨지고 싶지 않기 때문이다.

이 모든 의례가 복잡해 보일지 몰라도, 아구스는 전에 비하

◎ 미국의 대표적인 컬트영화 감독. 얇은 콧수염이 특징이다.

면 지금은 훨씬 간소해진 편이라고 주장한다. 아구스의 부모는 태어날 때부터 애니미즘을 신봉하는 알루크교도였지만, 그의 아버지는 16세에 가톨릭으로 개종했다. 아구스는 자기 나름의 이론을 제시했다. "알루크교에는 7777개의 의례가 있어요. 알루크교 의례가 너무 복잡해져서 사람들이 떠나는 것이죠." 가톨릭도 이에 못지않게 의례가 복잡한 것 같지만, 그래도 사람들은 그리로 가는 것이다.

목사가 스피커로 설교를 시작하자 다들 조용해졌다. 말은 알아들을 수 없었지만, 그는 설교를 하는 중간중간 망자에 대한 인사를 끼워넣었다. 예컨대 이런 식이었다. "로—비누스 린터—언!" 하고 그가 커다랗게 소리를 질렀다. 그리고 20분간 설교를 했는데 한 말을 하고 또 해서 군중이 흩어지기 시작하자, 마이크에 대고 데스메탈 로커처럼 절규했다. "코—에—!" 참고로, 당신이 스피커 옆에 앉아 있는데 "코—에—!"가 나오는 것을 예상하지 못했다면 이 소리에 귀청이 떨어질 수도 있다. 아구스는 이 표현을 뭔가 "내 말 들어보시오!"와 비슷한 것으로 번역해주었다. 근년 들어 토라자 장례에서 행해지는 연설은 (안무와 의상 선택도) 텔레비전 버라이어티쇼에서 힌트를 얻은 것이다.

로비누스는 5월 말, 그러니까 3개월 전에 죽었다. 서양 의학에서는 그때 이 사람의 생명이 끝났다고 선언했다. 하지만 토라자 전통에 따르면 로비누스는 살아 있었다. 비록 숨은 멈췄지만, 그의 신체 상태는 고열이 있는 질병 상태에 더 가까웠던 것이다. 이 상태는 물소든 돼지든 첫 번째 짐승이 희생될 때까지 계속된다.

마카루두산(마지막 숨을 내쉰다는 뜻), 그러니까 짐승이 희생된 다음에야, 로비누스는 마침내 짐승들과 나란히 누워 죽을 수 있는 것이다.

인류학자 디미트리 친트질로니스는 토라자에서 2년간 현지 연구를 하는 동안 넬라유크라는 이름의 현지 할머니와 가깝게 지내며 우정을 나눴다. 그녀는 디미트리를 자기 자식처럼 여겼다. 그는 9년 후 다시 토라자로 돌아가면서 이 즐거운 귀환으로 넬라유크를 깜짝 놀라게 해줄 기대에 부풀어 있었는데, 막상 가보니 자기가 도착하기 2주 전에 그녀가 죽었다는 것이다. 시신을 찾아간 디미트리를 가족 구성원이 뒷방으로 안내했다. 가족은 디미트리가 "돌아왔다."고 넬라유크에게 고했다.

> 그녀의 얼굴을 보고 나는 곁에 쪼그려 앉아서 인사말을 속삭였다. 얼굴 한쪽이 조금 씰그러진 것 같기는 했지만 그녀는 평온하고 침착해 보였다……. 그녀는 "잠들어" 있었다. 그리고 그녀는 내가 거기 있다는 걸 "알고" 있었다. 그뿐 아니라 내 말을 듣고 나를 볼 수도 있다는 것이다. 사실 그녀는 "죽은" 게 아니었다. 단지 아플 뿐이고("고열이 날 뿐이고") "모든 걸 느낄" 수 있었다.

토라자에서는 죽음과 장례 사이의 기간에 시신을 집에 둔다. 여기까지는 그리 놀라운 얘기가 아니지만, 문제는 그 기간이 몇 달에서 몇 년까지 지속될 수 있다는 점이다. 가족들은 그동안 시신을 미라로 만들며, 시신에게 음식을 갖다주고 옷을 갈아입히고 말을 걸고 보살핀다.

폴이 처음 토라자를 찾았을 때 아구스에게 죽은 가족을 집에 두는 게 부자연스럽지 않은지 물었다. 아구스는 이 질문을 받고 웃었다. "내가 어렸을 때 우리는 7년 동안 돌아가신 할아버지를 집에 모신걸요. 형이랑 나는 할아버지랑 한 침대에서 함께 잤어요. 아침이 되면 옷도 입혀드리고 벽에 기대 세워드렸죠. 밤이 되면 다시 재워드리고요."

폴은 토라자에서는 죽음을 산 자와 죽은 자 사이의 넘을 수 없는 '견고한 경계'가 아니라 넘나들 수 있는 경계로 본다고 했다. 그들의 애니미즘 체계에 따르면, 자연계의 인간적인 측면과 비인간적인 측면, 그러니까 짐승, 산, 심지어 망자들 사이에도 경계가 없다는 것이다. 할아버지 시신에 대고 말을 거는 것은 영혼과 연결되는 방법이었다.

목사는 마지막으로 "코—에—!" 하더니 자비롭게도 스피커 소리를 줄이며 입을 다물었다. 폴이 옆으로 몇 걸음 다가오더니 속삭였다 "물소를 희생양으로 바치고 나면, 어쩌면 관광객 중 한 사람이 다음 타자가 될지도 몰라요."

마치 이 말이 신호라도 된 듯, 두 남자가 물소 쪽으로 걸어갔다. 한 남자가 물소 코뚜레에 파란 밧줄을 넣어 실처럼 반대쪽으로 뽑아냈다. 그 남자는 물소에게 상냥하게 굴면서, 털을 살살 긁어주었다. 물소는 자기에게 이목이 쏠려 있다는 것을 눈치채지 못한 것 같았다. 두 번째 남자는 물소의 앞발굽을 땅에 박아둔

나무 말뚝에 붙들어 매려고 쪼그려 앉았다.

나는 또 한 번 염송이 있겠지, 가족들의 모임이 있겠지 하며 기대하고 있었다. 하지만 그 남자는 몇 초 만에 물소의 턱을 밧줄로 끌어올리고 마체테를 허리띠에서 꺼내더니, 물소 목 깊숙이 곧장 찔러 넣었다. 물소는 허공으로 힘센 근육과 뿔을 보이며 뒷걸음질했다. 물소는 도망치려 했지만 밧줄 때문에 그 자리에 붙들렸다. 물소의 목에는 생생한 붉은 상처가 있었지만, 피는 한 방울도 떨어지지 않았다. 처음 찔린 상처가 충분히 깊지 않았던 것이다.

더 많은 사람이 앞으로 달려들어 물소의 코뚜레에 달린 밧줄을 움켜쥐었지만 물소는 아랑곳하지 않았다. 물소는 날뛰며 허우적거렸다. 칼에 절단된 기도가 드러났다. 지켜보기 힘든 광경이었다. 그 남자는 허리띠에서 마체테를 꺼내 목을 두 번째로 찔렀다. 이번에는 물소의 목에서 사람들을 열광케 하는 붉은 피가 콸콸 쏟아져 나왔다.

물소는 나무 말뚝에서 풀릴 정도로 거세게 뒷걸음질했다. 물소는 군중 쪽으로 질주하다가 오른쪽으로 쿵 하고 넘어졌다. 다들 소리를 지르고 난리였다. 내 작은 비디오카메라에는 영화 「클로버필드」◎처럼 거친 숨소리와 땅바닥을 쓸어대는 장면이 가득 담겼다. 주위로 군중이 몰려들었고, 나는 콘크리트 기둥 모서리

◎ 2008년 개봉한 공포 영화. 영화 속 인물이 직접 카메라를 들고 촬영하는 핸드 헬드 기법을 도입했다.

를 잡다가 한 손을 베었다.

나는 누군가(아마도 나) 물소한테 복수를 당하는 피해자가 될 것이라고 확신했지만, 의식을 올리고 있던 사람들은 물소를 잡아서 질질 끌어 한복판에 갖다 놓았다. 마침내 물소는 쓰러져 가만히 있었다. 피가 목 주위로 쏟아져 나와 붉은 거품이 흥건히 고였다. 군중이 울며 부르는 애가의 소음과 신경질적인 웃음이 복합적인 다성음악으로 피어났다. 위험이 장례식에 생기를 부여한 것이다.

아구스가 전화에 대고 열심히 뭐라고 얘기하고 있었다.

"무슨 일이래요?" 나는 폴에게 물었다.

"우리도 돼지 한 마리를 구해 와야 해요."

"어디 가서 돼지를 구해요?"

"아구스가 돼지를 찾고 있어요. 여기에 돼지도 한 마리 없이 나타나는 건 예의에 어긋나는 짓이에요."

SUV는 벌써 만석이었다. 탈 사람으로는 나와 폴, 아구스, 기사와 먼 마을까지 데려다줄 차편을 구하는 열다섯 살짜리 소년 아토가 있었다. 돼지까지 실을 자리가 없었다.

아구스는 전화를 끊고 말했다. "내일 제 친구가 오토바이에 돼지 한 마리를 싣고 온답니다."

아토는 어른들과 함께 차에 탄 청소년이 으레 그렇듯, 가는 내내 맹렬하게 문자만 보내고 있었다. 마네네가 거행되는 동안, 그의 삼촌과 증조부의 무덤이 파헤쳐질 예정이었다. 두 사람 다

아토가 태어나기도 전에 죽었으니, 그는 두 사람을 시신으로만 만나는 셈이었다.

마을에 중앙 광장은 없었지만, 고립된 작은 촌락들이 연달아 자리 잡고 있었다. 우리가 묵는 집 주인을 포함해 주민들은 대부분 논농사를 짓는 농부였다. 그들은 공동 마당 주위로 빙 둘러선 통코난 일곱 채에 살고 있었다.

살집 좋은 수탉들이 울었다. 말라빠진 개들이 수탉들 뒤를 좇았고, 웃음 띤 아이들이 개들을 좇고 있었다. 마을 여자들은 기다란 대나무 작대기로 최근 추수한 벼를 반복적으로 내려치며 보는 사람을 홀릴 듯이 탈곡 작업을 하고 있었다.

무리지어 서 있는 열 개 남짓의 집 모양 무덤을 깨끗이 닦기 위해 사람들은 마을로 서서히 진입했다. 무덤 문마다 무거운 자물쇠가 달려 있다는 게 새롭게 달라진 점이었다. 이는 이웃들이 서로 믿지 못해서가 아니라, 몇 년 전에 누가 미라 한 구를 훔쳐 란테파오에 가서 수집가에게 판 일이 있었기 때문이다. 마을 사람들은 누가 훔쳐갔는지 대강 귀띔을 받아, 란테파오까지 가서 시신을 도로 탈취해왔던 것이다.

한 무리의 남자들이 모여서 집 모양 무덤의 환기 문제를 의논했다. 존 한스 타피라는 이름의 마을 사람이 2년 전에 그 무덤 중 하나에 안치되었다. 열린 문을 통해 그가 담긴 검은 목관이 한 귀퉁이에 놓인 것을 볼 수 있었다. 타피의 아들은 무덤 속의 공기가 너무 습하고 눅눅하다고 걱정했다. "아버지가 괜찮으셨으면 좋겠어요. 미라가 되다 만 채로 썩지 않으셨기를 바라요."

이번이 존 한스 타피에게는 중요한 '마네네'가 될 것이다. 그의 아들이 느끼기에, 2년 전 존이 죽었을 때는 가족이 재정상 망자를 위해 충분히 뭔가를 해줄 수 없었다고 한다. 그를 위해 희생양으로 물소 한 마리도 사 바칠 돈이 없었고, 그 모욕감은 그때부터 아들을 내내 따라다녔다. 그는 물소를 잡지 않아 "아버지가 다음 생으로 가시지 못했다."고 믿었다. 금주에 상황은 달라질 것이다. 희생될 물소는 이미 골라놓았고, 근처 풀밭에서 대기 중이었다.

무덤 두 개 건너편에, 한 여인이 문을 활짝 열고 공업용 크기의 통에 담긴 레몬향 공기정화제를 뿌렸다.

길 위쪽에는 한 가족이 돼지를 잡아놓고 개신교 목사가 와서 가족 여섯 명이 들어갈 새 무덤을 축복해주기를 기다리고 있었다. 그들은 함께 저녁을 먹겠느냐고 우리에게 물었다.

정사각형으로 잘린 돼지 살점들이 대통에 담겨 불 위에서 구워지고 있었다. 고기를 굽고 있는 불 바로 옆에서 잡은 돼지였다. 먹는 동안 흥건히 고인 돼지 피가 굳어가고 있었고, 주변에는 게으른 파리 몇 마리가 붕붕 날아다녔다. 근처의 대나무 발판에는 잘린 돼지 발굽들이 매달려 있었다. 작은 개 한 마리가 달려들어 아직도 피가 뚝뚝 흐르고 흐물거리는 돼지 내장 한 점을 급히 물고 도망가려 했다. "에이!" 하고 불 지키는 사람이 개한테 소리 지르기는 했지만, 이내 전리품을 즐기게 내버려두었다.

한 여자가 내게 대나무 잎사귀에 싼 따뜻한 분홍색 밥을 건네주었다. 대통은 뜨거울 때, 아직 고기가 지글지글 익고 있을 때

불에서 뺐다. 돼지 살점 중 상당수는 아예 지방덩어리였다. 식사가 반쯤 진행 중일 때 나는 대나무 잎을 들고 바삭바삭한 기름투성이의 돼지 살갗을 가까이 들여다보았는데, 모낭이 아직 눈에 두드러져 보였다. 죽은 짐승의 살이라는 게 실감 났고 순간 역겨웠다.

사람이 죽는 것을 보며 긴 시간을 보냈다고는 해도, 나는 플라스틱과 스티로폼에 싸이지 않은 상태의 죽은 짐승은 인식하고 있지 않았던 것이다. 프랑스의 인류학자인 노엘리 비알은 프랑스의 음식 체계에 대해 썼는데, 아마 이는 거의 모든 서구 국가에 적용되는 말일 것이다. "도살은 산업적이어야 한다. 즉 대규모에 익명으로 이뤄져야 한다는 말이다. 도살은 폭력적이지 않아야 하며(이상적인 것은 죽을 때 고통이 없을 것), 보이지 않아야(이상적으로는 아예 존재하지 않아야) 한다. 즉 도살은 마치 도살이 아닌 것 같아야 한다."

그것은 마치 그것이 아닌 것 같아야 하는 것이다.

너무 늙어 두 눈이 백내장으로 뒤덮인 한 할머니가 밥을 깨지락대더니 멀리 계곡을 응시했다. 그 할머니는 주변 누구와도 소통하지 않았다. 아마 할 수도 없었을 것이다. 아구스가 돼지기름 얼룩이 묻은 손가락으로 나를 쿡쿡 찌르며 소곤거렸다. "이 무덤이 저 할머니 것이 될 거예요." 아구스는 그 할머니를 놀리고 있었지만, 기본적으로 사실을 말하고 있기도 했다. 이 할머니는 곧 조상들처럼 떠나갈 것이고, 새로운 노란 집으로 옮겨가게 될 테니까. '불도 연기도 없는 집'으로.

그날 밤늦게, 우리가 잡을 돼지가 오토바이에 실려 왔다. 그 돼지는 신속하게 집 무덤 중 하나에 들어앉았고, 폴과 내가 자기를 여기 데려와 종말을 맞게 할 거라는 것도 모른 채 음식 찌꺼기를 먹어치웠다.

그날 밤 우리는 통코난 가옥 한복판에 들어가서 잤다. 밖에서는 집이 엄청나게 커 보였는데, 나무 사다리를 기어올라가 보니 창문도 없는 방 하나밖에 없어서 놀랐다. 바닥에 깔린 이부자리에 누워 우리는 곯아떨어졌다. 나중에 밤중이 되어서야 방이 하나뿐이라는 생각이 틀렸다는 것을 비로소 알게 되었다. 벽에 달린 나무 걸쇠를 열자 방 세 개가 또 나왔다. 밤새도록 사람들은 우리를 둘러싼 벽을 살금살금 들락거렸던 것이다.

다음 날 아침은 마을 길을 따라 울려 퍼지는 구슬픈 종소리로 시작되었다. 이 소리는 마네네가 정식으로 시작됨을 알리는 소리였다.

내가 처음 본 미라는 80년대 스타일의, 노란빛이 도는 조종사 선글라스를 끼고 있었다.

'뭐야, 꼭 나 중학교 때 수학 선생 같잖아.'라고 생각했다.

한 청년이 미라를 일으켜 세우자, 또 한 청년이 미라가 걸친 군청색 상의를 가위로 싹둑싹둑, 바지까지 세로로 잘라 몸통과 다리를 다 드러냈다. 8년 전에 돌아가신 분 치고 이 남자 분은 놀랍도록 잘 보존되어, 눈에 띄는 상처나 살에 갈라진 틈 하나 없었다. 관 두 개 아래에 있는 다른 분은 그렇게 운이 좋지는 않았다.

그의 시체는 이제 완전히 쪼그라들어, 뼈 위에 남은 것이라곤 바짝 마른 피부밖에 없었다. 이 얇고 가느다란 조각만이 금빛으로 수놓은 옷에 들러붙어 있었다.

짧은 반바지에 조종사 선글라스를 쓴 미라는 베개를 벤 채 땅바닥에 놓였다. 생전에 찍은 가로 20센티미터, 세로 25센티미터 틀에 끼워진 영정 사진이 시체 옆에 우뚝 서 있었다. 생전의 그는 오늘날에 비해 내 수학 선생과 훨씬 덜 닮아 보였을 것이다. 미라화 과정을 8년간 겪었으니 그럴 만도 했다.

여자들이 떼 지어 이 미라 옆에 무릎을 꿇고 애가를 읊조리며 그의 이름을 부르고 그의 두 뺨을 어루만지며 울었다. 곡소리가 잦아들자 아들이 페인트용 붓 한 세트를 갖고 들어왔다. 동네 가게에서 샀을 법한 붓이었다. 아들은 시신을 깨끗이 하기 위해, 짧고 정다운 붓놀림으로 가죽같이 뻣뻣해진 아버지의 피부를 닦아냈다. 반바지 속에서 바퀴벌레가 기어 나왔다. 아들은 그래도 괘념치 않고 계속 붓을 놀렸다. 내가 일찍이 본 적 없는 조문 풍경이었다.

10분 전에 아구스는 접근하기 힘든 곳에 있는 강가 근처 묘지에서 미라들의 옷을 벗기고 있다는 연락을 받았다. 우리는 그쪽으로 급히 가느라, 논 가운데로 난 좁은 흙길을 따라 달렸다. 흙길 끝에는 갈색 물이 흐르는 도랑이 있었다. 걸어서 건널 수도 없고 다리도 없어서, 우리는 끙끙거리며 빡빡한 진흙탕을 뚫고 나아갔다. 나는 미끄러지는 바람에 제방에 엉덩방아를 찧었다.

그곳에 도착하자, 약 40구의 시체들이 원래 안치되었던 집 무덤에서 나와 땅바닥에 나란히 누워 있었다. 어떤 시체는 환한 색 의상으로 싸여 있었고, 어떤 시체는 가느다란 나무 관에 들어 있었고, 어떤 시체는 헬로키티나 스펀지밥, 그 밖의 각종 디즈니 캐릭터가 그려진 담요와 누비이불에 싸여 있었다. 가족들은 시신 사이를 오가며 어떤 시체를 쌌던 천을 벗길 것인지 정하고 있었다. 신원 미상의 시체도 있었다. 아무도 그 시체가 누구인지 정확히 기억하지 못했다. 어떤 시체는 둘도 없이 귀한 존재였다. 한시라도 빨리 다시 보고 싶은, 사랑하는 남편이나 딸이었다.

한 어머니가 불과 16세에 죽은 아들의 옷을 벗겼다. 그러자 우선 보이는 것은 a자 모양으로 굽은 두 발뿐이었다. 이어 양손이 나타났는데, 손도 꽤나 잘 보존된 것 같았다. 관 양쪽에 있던 남자들은 시신을 바스러뜨리지 않고 일으킬 수 있는지 시험하며 시신을 부드럽게 당겼다. 그들은 어찌어찌하여 그를 수직으로 세웠다. 그의 몸통은 보존되었지만 얼굴은 치아와 짙은 갈색 머리카락만 빼면 뼈만 남아 있었다. 그의 어머니는 괘념치 않는 것 같았다. 어머니는 이런 상태에 있더라도 자식을 잠시라도 본다는 것이 황홀해서 아들의 손을 잡고 얼굴을 어루만졌다.

가까이서 한 아들이 아버지의 피부를 솔질해주고 있었다. 아버지의 얼굴은 밀랍 염색한 천으로 싸놓아 분홍색으로 착색되어 있었다. "아버지는 좋은 분이었어요. 자식이 여덟이나 되지만 한 번도 때린 적이 없었죠. 난 슬프지만 행복해요. 아버지가 나를 보살폈듯이 내가 아버지를 보살필 수 있으니까요." 그가 말했다.

토라자 사람들은 시신에게 직접 말을 건네며 다음에 어떤 행동을 취할지 알린다. "지금 당신을 무덤에서 꺼냅니다.", "담배를 가져왔어요. 돈이 더 없어서 미안해요.", "딸과 가족들이 마카사르에서 왔어요.", "이제 당신의 코트를 벗깁니다." 하고 말이다.

강가에 있는 무덤에서, 어느 가족의 가장은 우리에게 와주어서 고맙고, 담배도 몇 갑이나 가져다주어서 고맙다고 말했다. 그는 폴에게 사진을 찍어도 되고, 내게도 질문을 얼마든지 해도 된다고 했다. 그 대신 요청이 하나 있다고 했다. "혹시 마을에서 다른 외부인을 마주친다면, 이곳에 대해 아무 말도 하지 말아주세요. 비밀이니까."

나는 장례에서 본, 입에 담배를 물고 아이패드를 사람들 얼굴에 들이대며 무례하게 굴던 독일 여자가 떠올랐다. 혹시 내가 여기서 그 여자 같은 존재가 될까 봐 두려웠다. 몇 달 동안 기대해온 뭔가를 보고 싶다는 욕망이 우리의 존재를 원하지 않는 곳에 데려다놓은 것이다.

다시 논을 건너 큰 도로로 돌아가니, 우리를 재워준 주인집 가족이 보였다. 마침 그들은 가족 중 돌아가신 분을 끌어내, 옷을 벗기기 시작하고 있었다. 나는 란테파오에서 그래픽 디자이너로 일하고 있는 내 또래의 남자를 알아보았다. 그는 전날 밤 늦게 오토바이를 타고 와서 내가 자고 있을 때 벽을 조용히 열고 들어왔다. 그는 황금빛 천에 싸인 해골을 끄집어냈다. "이건 우리 형이에요. 열일곱 살 때 오토바이 사고로 죽었어요." 그가 옆에 있는, 천으로 싸인 시체를 가리켰다. "여기 있는 분은 우리 할아버지랍니다."

언덕 밑에는 다른 가족이 7년 전 돌아가신 할아버지를 감싸고 있던 체크무늬 담요를 펼쳐두고 싸온 음식을 차려놓고 있었다. 이 할아버지가 마네네 의식에 나온 것은 두 번째인데, 아직도 신수가 훤했다. 아, 물론 보존 상태를 말하는 것이다. 가족들은 그의 얼굴을 풀잎으로 만든 빗자루로 살살 쓸어주고 그를 뒤집어 머리 뒤쪽에서 마른 살을 벗겨냈다. 그들은 가족사진을 찍기 위해 시체를 일으켜 세웠고, 어떤 사람은 근엄한 얼굴로, 어떤 사람은 웃으며 빙 둘러 모였다. 나는 한쪽에 서서 지켜보고 있었는데 어떤 여자가 나를 부르더니 같이 사진을 찍자고 했다. 나는 "아니에요, 그건 끔찍한 생각이에요."라는 듯이 손을 휘휘 내저었다. 그렇지만 그들은 한사코 계속 같이 찍자고 했다. 지금도 인도네시아 오지 어딘가에, 토라자 가족들과 산뜻하고 깨끗하게 단장한 미라와 함께 찍은 내 사진이 있다.

나는 매우 건조하거나 매우 추운 날씨에 미라화가 일어난다고 들었는데, 초목이 무성하고 습도가 높은 인도네시아의 공기는 그런 범주에 들지 않는다. 그렇다면 이 마을의 죽은 사람은 어떻게 미라가 되는가? 답은 누구에게 묻느냐에 따라 다르다. 어떤 사람들은 오직 옛날식으로 기름을 죽은 사람의 입과 목구멍에 붓고 특별한 찻잎과 나무껍질을 피부에 펴 바르기만 한다고 주장했다. 그러면 찻잎과 나무껍질에 든 타닌 성분이 피부 단백질에 엉겨 붙어 이를 수축하게 하는데, 그러면 피부가 더 강하고 딱딱해져 박테리아의 공격에 잘 저항하게 된다는 것이다. 이 과정은

박제사가 짐승 가죽을 보존하는 데 쓰는 방법과 같다.(여기서 가죽 '태닝(무두질)'이라는 단어가 나왔다.)

토라자에서 시신을 미라로 만드는 새로운 경향은 바로 시체 방부처리사가 오랫동안 써온 방법, 즉 포르말린(포름알데히드, 메틸 알콜, 물을 섞은 용액)을 시체에 주입하는 것이다. 내가 말을 걸었던 어느 여인은 자기 가족 구성원이 몹시 자극적인 이 주사액을 맞는 것을 원치 않는다고 했지만, 내게 공모하는 듯한 어조로 이렇게 말했다. "남들이 그렇게 하고 있다는 건 저도 알아요."

토라자 지역에 사는 마을 사람들은 인체를 다루는 아마추어 박제사이다. 토라자 사람들이 지금 북미에서 망자를 미라로 만드는 것과 유사한 화학적 방식을 쓰고 있다는 점을 감안하면, 나는 서양 사람들이 이들의 작업을 왜 그렇게 끔찍하게 생각하는 건지 궁금했다. 아마도 극단적으로 잘 보존한다는 사실 때문은 아닐 것이다. 그보다는 토라자 사람들의 시체가 봉인된 관에 감금되어 땅 밑의 시멘트 요새에 들어가는 대신, 산 자들 틈에 매달려 있기 때문일 것이다.

어머니가 돌아가신 뒤 7년간 고인을 집 안에 둔다는 생각과 마주하면, 많은 서양인들은 영화 「사이코」와 거기에 등장하는 미친 호텔 관리인을 떠올릴 것이다. 토라자 마을 사람들은 자기 어머니 시신을 보존했고, 그 영화에 나오는 노먼 베이츠도 어머니 시신을 보존했다. 마을 사람들은 시체와 몇 년을 산다. 노먼도 어머니의 시신과 함께 몇 년을 살았다. 마을 사람들은 시체가 마치 살아 있다는 듯 대화를 했다. 노먼도 마치 어머니가 살아 있는 것처럼 시체와 대화를 했다. 하지만 토라자 마을 사람들은 오후 내내 무덤을 깨끗하게 하며 지루할 정도로 평범한 일상의 분위기를 물씬 풍기는데, 노먼 베이츠는 미국 영화 연구소에서 뽑은 영화사상 두 번째로 무시무시한 악당, 그러니까 한니발 렉터◎ 바로 뒤이자 다스 베이더◎◎ 바로 앞 순위의 악당 캐릭터로 꼽힌다. 노먼 베이츠는 그의 어머니 옷을 입고 있는 무고한 호텔 손님을 살해했기 때문에 그런 끔찍한 악당의 자리에 오른 것이 아니다. 망자와 오랜 기간에 걸쳐 소통하는 것에 깊이 오싹한 뭔가가 있다고 서양인들이 느꼈기 때문이다.(얘기하다 보니 영화 「사이코」의 내용을 다 누설했다. 죄송.)

어제 나는 존 한스 타피의 아들을 만났다. 오늘은 존 한스를 만날 예정이다. 그의 시신은 체크무늬 반바지를 입고 금시계를 차고 햇볕을 쬐며 누워 있었다. 가슴과 복부에 난 구멍은, 그가 죽었을 때 포르말린을 주입하느라 생긴 것이다. 이 말은 2년 후에 그의 몸통이 손톱자국 하나 없이 잘 보존된 이유를 설명해주는 반면, 그의 검고 얽은 얼굴과 그 밑의 뼈가 다 드러나 보이는 이유이기도 했다. 가족이 반바지 속을 깨끗이 하느라 미라화한 페니스 주위를 솔질해야 했을 때, 가족들은 딱 지금 여러분이 생각하는 그만큼 불편해 보였다. 그들은 자조적인 농담을 하며 그 일을 해치웠다.

◎ 영화 「양들의 침묵」에 등장하는 연쇄살인범.
◎◎ 영화 「스타워즈」 시리즈에 등장하는 악역.

조그만 아이들이 미라 사이를 뛰어다니며 미라를 살펴보고 쿡쿡 찔러보기도 하다가 잽싸게 달아났다. 다섯 살쯤 된 여자아이가 집 무덤에 기어올라, 지붕 가장자리에 앉아 밑에서 벌어지는 소란을 피해 있는 내 쪽으로 다가왔다. 우리 둘은 위에서 내려다보는 편을 택했다는 점에서 어색한 동질감을 느끼며 조용히 앉아 있었다.

아구스가 지붕 위에 올라앉은 나를 발견하고 소리 질렀다. "이봐요, 그러고 앉아 있는 걸 보니, 나도 지붕 위에 올라갈 방법을 궁리하게 되네요. 이번에는 내 차례예요. 예?"

묵던 집으로 다시 돌아오니, 네 살짜리 남자아이가 우리가 밥 먹는 걸 지켜보고 있었다. 그 아이는 난간 뒤에서 고개를 들고 나타났다가 내가 우스꽝스러운 표정을 하고 쳐다보면 좋아서 꺅 소리를 질렀다. 아이 어머니가 손님 가만히 드시게 놔두라고 말하니, 그 아이는 페인트용 붓을 들었다. 아이는 뜰을 가로질러 움직이더니 바닥에 떨어진 마른 잎사귀 곁에 쪼그려 앉았다. 그 아이는 완전히 집중하여 그 잎을 솔질하기 시작하더니 모든 틈이란 틈은 다 메꿔가며 삭삭 솔질을 마쳤다. 마네네 전통이 계속된다면 이 아이가 커서 시체에게, 아마도 우리가 이 마을에서 지금 만나고 있는 사람 중 한 명에게 그렇게 할 것이다.

다음 날 아침, 존 한스 타피는 새 옷, 그러니까 황금색 단추가 달린 재킷과 군청색 정장 바지로 갈아입혀 있었다. 그는 오늘 길 아래쪽에 있는, 꼭대기에 하얀 십자가가 달린 하늘색 새 집 무덤으로 이사하게 된다. 무덤 위의 장식은 문화적으로 여러 종교가 혼합된 것이었다. 전통적 물소 상징에 동정녀 마리아의 성심, 여기에 기도하는 예수의 사진도 있었고 최후의 만찬 그림도 있었다.

존 한스의 가족은 그를 다시 관 속에 넣기 전에 새 옷을 입힌 그와 마지막 사진을 찍기 위해 시체를 일으켜 세워 함께 포즈를 취했다. 가족들은 그의 발 옆에 까망고 윤나는 정장 구두를 놓고 그의 몸에 담요를 씌우고 가장자리를 잘 매만져 덮어주었다. 관 뚜껑을 닫고, 관 양옆을 광내듯 닦고 나서, 관을 어깨에 메고 북을 치고 염송을 하며 길을 따라 내려갔다. 이것으로 존 한스의 신나는 나들이는 끝이었다. 3년 뒤에 관에서 다시 나올 때까지 말이다.

내가 SUV에 짐을 싣고 있는데 아구스가 "글쎄, 저 집에 시체가 있다니까요?" 하면서, 우리가 묵었던 집 바로 옆에 3미터쯤 떨어진 토라자 전통 가옥을 가리켜 보였다. 그 가족은 2주 전에 돌아가신 70대 할머니 '산다'에 대해 우리에게 이야기하기 전에 우리가 어떤 반응을 보일지 기다리고 있었다.

아구스가 물었다. "그 할머니를 보고 싶으세요?"

나는 천천히 고개를 끄덕였다. 우리가 머무는 내내 시신 옆에서 눈을 붙이고 있었다는 것은 왠지 말이 되는 상황이었다.

"폴." 나는 사다리를 타고 우리가 자던 구역까지 올라가서 소곤거렸다. "여기 내려와보고 싶을 것 같은데요. 와봐요."

아구스가 가르쳐준 대로 우리는 먹다 남은 음식을 산다에게 바치려고 가져갔다. 우리가 음식을 가져왔다는 것을 그 할머니는 알 터였다. 우리는 산다가 마른 대자리 위에 누워 있는 뒷방으로 기어들어갔다. 산다는 주황색 블라우스에 분홍 스카프를 매고 초록색 체크무늬 담요를 덮고 있었다. 할머니 곁에 그녀의 지갑이 놓여 있었고, 주변에 음식들이 차려져 있었다. 얼굴은 옷으로 싸여 있었고 내가 종종 방부처리한 시체에서 본 바 있는, 고무 같은 결을 유지하고 있었다.

산다는 이 지역 전문가가 포르말린을 주입한 덕에 잘 보존되어 있었다. 가족은 포르말린 주사를 직접 놓을 수가 없었다. 왜냐하면 가족들이 보기에는 포르말린이 너무 '독했기' 때문이다. 산다의 가족은 벼농사로 성공한 농부였고, 그래서 옛날처럼 시신을 매일같이 관리할 시간이 없었다.

집 무덤으로 갈 때까지 할머니는 가족과 함께 있게 된다. 가족들은 음식, 차, 봉헌물을 할머니에게 갖다드린다. 할머니는 가족들의 꿈속에 찾아간다. 할머니가 죽음과의 유연하고도 구멍 숭숭 뚫린 경계선을 넘은 지 이제 겨우 2주가 지났을 뿐이다. 냄새가 사라지자 할머니의 가족은 방에서 할머니와 함께 자겠다는 계획을 세웠다.

어렸을 때, 죽은 할아버지와 7년간 같이 잤던 아구스는 어깨를 으쓱해 보였다. "우린 이런 일에 습관이 되어 있어요. 삶과 죽음에 말이죠."

인도네시아에 가기 전에 나는 타나토라자라는 지역에서 앞으로 무슨 의식을 보게 될지 상세하게 기술한 글을 찾아 헤맸다.

최근에 기록된 것은, 적어도 영어로 된 것은 드물다.(구글에서 '마네네'를 검색해보면 「더 리얼 하우스 와이브스 오브 애틀란타」에 출연했던 니니 리크스라는 사람이 나온다.)

그림도 드물다. 내가 찾을 수 있었던 가장 좋은 이미지는 영국 타블로이드 신문 《데일리메일》에 실렸던 것이다. 그들이 어디에서 그림을 찾았는지는 모르겠지만, 그 언론사에서 인도네시아까지 특파원을 보내지 않았다는 것만은 확실하다. 거기에 달린 온라인 댓글 일부를 보고 나는 홀딱 반했다. "오 맙소사, RIP[◎]라는 말도 모르나?" 한 댓글은 이렇게 쓰여 있었다. "정말이지, 이건 너무너무 존중이 결여된 겁니다." 이런 댓글도 달려 있었다.

그런데 정말이지, 이 댓글을 쓴 사람은 누가 미네소타 지역 공동묘지에서 친족을 파헤친 다음 골프 카트에 실어서 교외 동네를 끌고 다니는 걸 보기라도 했단 말인가? 그래, 그렇다면 그야말로 존중이 결여된 행동일 것이다. 이 댓글을 단 사람은, 몸이 죽은 다음에도 가족 관계가 계속된다고 믿으며 자라나진 않았을 것이다. 토라자 주민들에게, 죽은 지 몇 년 된 사람을 무덤에서 끌어내는 것은 존중의 표시(사실 그들이 존중을 표하는 최상의 방법)일 뿐만 아니라, 망자와 이어지는 의미 있는 방식이다.

장의사로 일하다 보면, 내게 자기 어머니의 시신 상태에 대해 물어보는 사람이 많다. 내가 얼마나 자주 이런 소리를 듣는지 여

◎ Rest in peace, '길이 평안함에 쉬게 하소서'라는 뜻으로, 영원한 안식을 염원하며 망자에게 바치는 말이다.

러분은 모를 것이다. "우리 어머니는 11년 전에 업스테이트 뉴욕에서 돌아가셨는데, 방부처리해서 가족 묘지에 매장했어요. 지금쯤 어머니는 어떤 모습일까요?" 그에 대한 답은 날씨, 토양, 관, 화학물질 등 많은 요소에 따라 달라진다. 그러므로 나는 정답을 말할 수가 없다. 하지만 토라자의 가족들이 미라가 된 어머니와 소통하는 것을 지켜보니, 그들은 어머니의 시신이 어떻게 되었는지 장의사에게 물어볼 필요가 없다는 걸 깨달았다. 그들은 어머니가 어떤 상태인지 11년이 지난 후에도 완벽히 알고 있을 것이다. 비록 변한 모습일지언정 엄마를 직접 보는 것이, 상상 속의 유령을 보는 것보다는 덜 무서울 것이다.

망자의 날 축제
멕시코 미초아칸

중절모를 쓴 해골이 시가 한 대를 물고, 뼈만 남은 긴 두 팔을 미친 듯이 흔들면서 후아레스 거리를 내려다보고 있다. 키가 4.5미터쯤 되는 그 해골은 득실대는 군중 위로 탑처럼 우뚝 솟아 있다. 그 뒤로 축제의 상징인 말쑥한 해골 '칼라베라 카트리나'처럼 차려입은 남녀들이 신나게 돌아다니며 춤을 추고 있다. 그 옛날 아즈텍 전사 군단 같은 복장을 한 사람들이 롤러블레이드를 타고 빙빙 돌자, 축포가 쏘아 올려졌다. 몇만 명쯤 되는 군중이 환호하며 노래를 불렀다.

만약 2016년작 영화 「007 스펙터」를 보았다면 꽃, 해골, 악마와 퍼레이드 차량들이 이룬 이 장관이 멕시코시티에서 매년 열리는 '망자의 날' 퍼레이드라는 것을 알아차렸을 것이다. 영화 첫 장면에서 제임스 본드는 턱시도에 해골 가면을 쓰고서 이 아수라장 한복판을 미끄러지듯이 지나, 가면 쓴 여자와 함께 호텔로 슬쩍 들어간다.

다만 여기에는 속임수가 있다. 망자의 날 퍼레이드에 영감을 받아 제임스 본드 영화가 만들어진 것이 아니라, 제임스 본드 영화를 보고 그 퍼레이드가 만들어진 것이다. 멕시코 정부는 전 세계 사람들이 그 영화를 보고 실제 있지도 않은 퍼레이드를 보러 올까 봐, 자원봉사자 1200명을 뽑아 1년에 걸쳐 네 시간짜리 가장행렬을 복원했다.

어떤 사람들이 볼 때 이 퍼레이드는 매우 사적이고 가족 중심적인 축제, 즉 죽은 자들이 돌아와서 산 자들의 쾌락에 빠진다는 11월 1일과 2일 이틀에 걸친 망자의 날을 무신경하게 상업화하는 행위였다. 또 어떤 사람들이 볼 때 이는 망자의 날이 좀 더 세속적이고 국가적인 휴일이 되어가는 자연스러운 과정이자, 전 세계 관중들 앞에서 멕시코의 역사를 대담하게 되새기는 과정이었다.

퍼레이드가 끝나고 우리는 축포가 남긴 아수라장을 지나 터벅터벅 걸어갔다. 나와 동행한 사람은 세라 차베스로, 그녀는 내가 비영리단체로 운영하는 '좋은 죽음 교단'의 책임자였다. 그녀는 집이든 사무실이든 가는 곳마다 걸려 있는 망자의 날 장식, 즉 칼라베라 카트리나와 연한 색종이로 오려 만든 해골을 손가락으로 가리켜 보였다.

"오!" 그녀는 뭔가 중요한 것을 기억해냈다. "깜박했는데, 우리 호텔 옆의 스타벅스에서 망자의 빵을 팔더라고요!" 망자의 빵이란, 사람 뼈 모양으로 도톰하게 쌓아 올린 반죽 위에 설탕을 얹어 구운 롤케이크였다.

다음 날 우리는 미초아칸까지 서쪽으로 이동하기로 되어 있었다. 멕시코시티에 비해 좀 더 시골인 미초아칸에서는 가족들이 오랫동안 망자의 날을 기념해왔다. 그러나 이곳 멕시코시티에서는 20세기 초반, 망자의 날이 인기가 없어진 적이 있었다. 1950년대 도시에 살던 멕시코 사람들은 망자의 날을 문명사회의 변방에 사는 사람들이나 지내는, 시대에 뒤떨어진 풍속이라고 보았던 것이다.

아주 흥미로운 반전은 미국의 핼러윈 풍습이 남쪽으로 차츰차츰 퍼져나가, 바로 이런 인식을 바꾼 계기 중 하나가 되었다는 점이다. 1970년대 초 작가와 지식인 들은, 멕시코 언론인 마리아 루이사 멘도사의 말을 빌리자면 핼러윈을 "빗자루를 타고서 끝이 뾰족한 모자를 쓰고 다니는 마녀들, 그리고 고양이와 호박이 있는 명절로, 추리소설에서 읽으면 재미있지만 우리와는 절대로 상관없는 미국 사람들만의 축제"쯤으로 여겼다. 멘도사는 이 시기 멕시코 사람들이 단지 생존하기 위해 동전을 구걸하고 차의 바람막이를 청소해주는 아이들은 모른 척하면서, 부유한 동네에서는 "부르주아 계층 사람들이 미국 텍사스 사람 흉내를 내며, 우스꽝스러운 차림으로 남의 집에 들어가 자선금을 달라고 하고 그 돈을 받아와도 된다고 자식들에게 말한다."라고 썼다.

이 시기에 학자 클라우디오 롬니츠가 썼듯이 망자의 날은 "미국식으로 핼러윈을 지내는 것의 대척점"에 선, "국가 정체성을 재는 일반화된 시금석"이 되었다. 한때 망자의 날을 배척했던 사람들(혹은 이날을 전혀 기리지 않는 지역에 살았던 사람들)도 이날을 기념하는 것을 매우 멕시코적인 일로 보게 되었다. 망자의 날은 주요 도시에서 되살아났을뿐만 아니라(제임스 본드 퍼레이드를 위해 건배!) 투표권을 상실한 여러 정치 집단들의 투쟁 또한 반영하게 되었다. 이들 집단은 망자의 날을 평소 대중의 눈에 띄지 않는 사람들, 이를테면 성 노동자, 원주민, 성소수자, 그리고 미국 국경을 넘으려다 죽은 멕시코인을 포함한 이들을 애도하는 날로 받아들였다. 지난 40년간 망자의 날은 멕시코 전역에서 대중문화, 관광문화, 저항 문화를 대표하는 날이 되었다. 그리하여 멕시코라는 나라 자체가 참여적이며 공적인 애도를 하는 데 있어 세계에서 손꼽히는 나라로 비치게 되었다.

"나는 멕시코인이면서도 멕시코인임을 싫어하는 어른들과 함께 자라났어요." 세라는 다음날 미초아칸에 있는 호텔 방에 앉아, 내게 이렇게 설명했다. "그들은 멕시코 사람인 것을 자랑스러워할 바는 전혀 없고, 부끄러워할 것들뿐이라고 배웠어요. 그들은 어떻게든 동화되어야만 했어요. 미국에서 행복하게 산다는 건, 가능한 한 백인이 된다는 거였죠."

세라의 할아버지, 할머니는 멕시코 몬테레이에서 미국으로 20세기 초에 이주해와서, 로스앤젤레스 동쪽 교외 차베스 라빈으로 알려진 곳에 정착했다. 1950년에 미국 정부는 차베스 라빈에 사는 1800개 가정, 주로 저소득층 멕시코 출신의 미국인 농부들에게 편지를 보내 집을 팔라고, 그 자리에 공공주택을 지어야 한다고 알렸다. 다른 곳으로 이주한 가족들에게는 개발이 끝나면 새로운 학교와 놀이터, 거주 우선권을 주겠다고 약속했다. 가족들을 이주시키고 공동체를 파괴하고 나자, 로스앤젤레스시는 공공주택 건설 계획을 무산시키고, 뉴욕에서 온 사업가와 손잡고 다저스 야구 경기장을 세웠다. 로널드 레이건을 포함해 새로운 경기장을 지지하던 사람들은 이 경기장을 비판하던 사람들을 일컬어 "야구를 싫어하는 사람들"이라고 불렀다.

차베스 라빈 출신의 멕시코계 미국인들은 차별적 주택 정책에 따라 로스앤젤레스에서 더 먼 동쪽으로 쫓겨났다. 세라의 부모님은 이러한 이주 환경 속에서 자라 성년을 맞은 사람들이었다. 그 둘은 열아홉 살에 세라를 가졌다.

"여태까지 할머니와 이모, 고모, 삼촌 들이 차베스 라빈 이야기만 나오면 가슴 아파했어요. 다들 그곳을 너무너무 그리워해요." 세라가 말했다.

세라는 자라날 때, 스페인어를 배워선 안 되었다. 피부색이 옅은 편인 세라는 할머니의 마음에 쏙 드는 손녀였다. 그녀에게서 혹 멕시코 사람다운 점이 있다면 집에서만 내보이게끔 했다. 로스앤젤레스에서 성장하며, 그녀는 멀리 떨어져 사는 어머니와 할리우드 의상 담당자인 아버지(지금도 자기를 멕시코인이라 하지 않고 "아메리칸 인디언" 출신이라고 한다.)와 조부모 사이를 이리저리 옮겨 다녔다. 세라는 미국인으로 편안하게 자라난 운 좋은 멕시코인이었지만, 가족 문화에 대한 실질적인 연대감은 거의 느끼지 못했다.

2013년, 어린이집과 유치원 보모로 10년을 일하고 나서 세라는 배우자 루벤(가명)과 사랑에 빠졌고 이 한 쌍은 곧 그들만의 아이를 갖게 되었다. 그녀가 임신한 것이다. 세라에게 이 아이는 "진정한 가족, 내 가족, 선택한 가족, 누구도 뺏어갈 수 없는 가족이 될" 기회를 의미했다.

그러나 이 꿈은 이뤄지지 못했다. 그녀의 아들이 배 속에서 임신 6개월 만에 죽은 것이다. 아기가 죽은 다음 몇 달은 "아무도, 아무것도 없는" 시간이었다. 부모도 세라를 멀리했다. 그녀는 외로움을 느꼈다. 집 뒤쪽에 있는 오렌지 나무 밭을 헤매다가 그만 사라지고 싶었다. 그리고 이런 자책도 들었다. '내가 혹시 무거운 물건을 잘못 들었던가? 혹시 뭔가 잘못 먹었던 걸까?'. "전형적인 여성이란 한 생명을 세상에 데려오는 사람이잖아요." 세라가 말했다. "하지만 내 몸은 무덤이었어요."

세라는 친구와 직장 동료 들에게 마치 자신이 방사성물질이라도 된 것처럼 느꼈다. 사람들은 아이들이 소중히 여겨지고 결코 잘못될 일 없는 세계에서 살기 원한다는 것을 그녀는 알고 있었다. "사회는 내게 슬픔을 감추라고 했어요." 그녀는 말했다. "사람들은 그런 끔찍한 일을 마주하고 싶어 하지 않아요. 나는 그런 끔찍한 일의 얼굴이었어요. 나는 부기맨◎이었던 거죠."

세라는 인터넷을 뒤져 아이의 죽음으로 고통받은 다른 어머니들의 이야기를 찾아냈다. 선의를 지닌 여자들이 만든 웹사이트로, 대부분 매우 기독교적인 논조를 띠고 있었다.(예를 들면 "나의 천사는 주님의 품 안에 안겼다." 같은 말들.) 그리고 진부한 말과 완곡어법으로 이야기를 늘어놓았다. 듣기 좋은 말로 기운 나게 해주려는 이런 이야기들은 세라에게 속 빈 강정 같은 뻔한 소리일 뿐이었다. 그런 말로는 그녀가 느꼈던 비통한 괴로움과 그리움을 포착해낼 수 없었다.

위안을 찾다가 그녀는 자신이 지닌 유산의 입구에 도달했다. '세라, 넌 멕시코 사람이야. 틀림없이 세상에서 가장 죽음을 가까이하는 문화 중 하나인 곳 출신이야.' 그녀는 생각했다. '나의 조상들은 이 비극에 어떻게 대처했을까?'

멕시코의 시인 옥타비오 파스가 한 유명한 말이 있다. 뉴욕, 파리, 런던 같은 서양 도시 시민들은 '죽음'이라는 말을 입에 올리기만 해도 "입술이 부르틀 만큼 부정을 타는" 반면에 "멕시코인은 자주 죽음을 넘나들고, 놀리고 어루만지며, 죽음과 함께 잠들고 재미로 그걸 갖고 논다. 죽음은 그가 좋아하는 장난감 중 하나이며 그의 가장 오래가는 사랑이다."

이 말은 멕시코 사람들이 결코 죽음을 두려워하지 않는다는 뜻이 아니다. 그들이 죽음과 맺는 관계는 힘들여 겨우 얻은 것이다. 그 관계는 수 세기 동안 혹독한 시절을 보낸 뒤에야 드러났다.

◎ 옛이야기에 나오는, 아이들을 데려간다는 귀신.

"멕시코는 자랑스럽고 강력한 제국이 되기보다는, 외세와 독립한 수탈자들에게 괴롭힘당하고 침략받고 점령당하고 훼손되고 뺏김을 당한 적이 더 많은 나라이다."라고 클라우디오 롬니츠는 설명한다. 20세기, 서구 세계에서 억압과 죽음에 대한 부정이 정점을 찍었을 때, 멕시코에서는 "죽음에 대한 명랑한 친근함이 국가 정체성의 초석이 되었다."

세라에게 아들의 죽음을 받아들인다는 것은, 죽음에 대한 두려움을 지우려는 노력이 아니었다. 그런 일은 불가능하다는 걸 그녀는 알고 있었다. 그녀는 그저 죽음과 관계하며, 그 이름을 부르기를 허락받고 싶었을 뿐이었다. 파스가 말했듯이, 죽음을 자주 넘나들며 그걸 놀리고 어루만지고 싶었던 것이다.

많은 이민자의 자녀와 손주 들이 세라처럼 가족의 문화적 의례와 단절되어 있다. 미국의 장례 체계는 여러 죽음 관행에 간섭하는 법과 규제를 통과시키는 것으로, 또 미국화된 규범 쪽으로 강력하게 동화시키기로 악명이 높다.

특히 마음 아픈 예로 무슬림이 처한 상황을 들 수 있다. 많은 이슬람교 신자들이 미국에서 장의사를 열고 자격 있는 장례지도사가 되어 그들의 공동체에 기여하고 싶어 한다. 이슬람 관습은 사람이 죽으면 그 즉시 시신을 씻기고 정화한 다음, 해가 지기 전에 가능한 한 빨리 매장하는 것이다. 이슬람 공동체에서는 몸에 구멍을 뚫고 몸속에 화학물질과 방부제를 주입한다는 생각을 꺼리며 시체 방부처리를 거부한다. 그러나 미국의 많은 주에는 반드시 장의사가 방부처리를 해야만 한다는 엄격한 법이 있으며,

방부처리 과정 자체가 필요 없는데도 모든 장례지도사는 방부처리 훈련을 받게 되어 있다. 이슬람교를 믿는 장례지도사들은 죽음에 관해 공동체를 돕고 싶다면 자기 신앙과 타협해야만 한다.

세라에게 가장 먼저, 그리고 가장 오래 멕시코 문화를 접하는 통로가 된 것은 멕시코가 낳은 '고통의 여주인공' 화가 프리다 칼로의 작품이었다. 프리다가 1932년에 그린 자화상 「멕시코와 미국의 국경 위에 서 있는 나(Self-Portrait on the Borderline between Mexico and United States)」에서 도전적인 프리다는 멕시코와 디트로이트 사이의 상상 속 경계선에 서 있다. 디트로이트는 당시 프리다 칼로가 남편인 벽화가 디에고 리베라와 함께 살고 있던 곳이다. 멕시코 쪽에는 해골, 폐허, 식물, 땅속 깊이 뿌리를 내린 꽃 등이 흩어져 있다. 디트로이트 쪽에는 공장, 마천루들이 있고 굴뚝에서 연기가 모락모락 올라오고 있어, 삶과 죽음의 자연적 순환을 감추는 산업 도시의 모습이 그려져 있다.

디트로이트에 살 때 칼로는 임신했다. 그녀는 예전의 담당 내과의사였던 레오 엘로서와 1932년부터 1951년까지 열성적으로 편지를 주고받으며 자신의 임신 상태에 대해 알렸다. 그녀는 이 임신이 너무 위험하며, 골반 일부가 부서지고 자궁에 구멍이 뚫렸던 그 유명한 전차 사고◎ 때문에 자기 몸이 망가졌다고 걱정했

◎ 프리다 칼로는 열여덟 살에 교통사고를 당했다. 버스와 전차가 부딪히면서 강철봉이 그녀의 옆구리를 뚫고 들어가 골반을 통과해 허벅지로 빠져 나왔다. 그녀는 이 사고로 자신은 "다친 것이 아니라 부서졌다."고 표현했다.

다. 칼로는 디트로이트의 담당 의사가 "키니네와 매우 강력한 피마자기름을 주며 낙태하라고 했다."고 적었다. 화학물질로 낙태하는 데 실패하자 담당 의사는 외과적 유산에 반대했고, 칼로는 이 위험천만한 임신을 끝까지 유지해야 한다는 생각과 마주하게 되었다. 그녀는 "인공유산이 불법이라 그런지, 이 의사가 겁을 먹은 건지 모르겠지만 시간이 지나면 그런 수술을 할 수 없으니까" 디트로이트에 있는 의사에게 편지를 써 달라고 엘로서에게 애원했다. 엘로서가 칼로의 부탁에 뭐라고 답했는지 우리는 모르지만, 두 달 후 그녀는 격렬한 유산을 겪었다.

프리다는 이 경험 이후에 「떠 있는 침대(Henry Ford Hospital)」라는 그림을 그렸다. 그림 속에서 프리다는 벌거벗은 채 병원 침대에 누워 있고, 침대 시트에는 피가 배어 있다. 공중에는 배와 연결된 빨간 리본 탯줄에 묶인 물건들이 둥둥 떠다닌다. 태아 상태의 남자아이(프리다의 아들), 각종 의료기구, 그리고 달팽이와 난초 한 그루가 떠 있다. 디트로이트의 삭막한 공장투성이의 스카이라인이 이 배경을 망쳐놓는다. 디트로이트와 거기서 일어난 끔찍한 불행을 그녀가 얼마나 뼛속 깊이 사무치게 싫어했든 간에, 미술사학자 빅토르 자무디오 테일러가 주장하기를 칼로는 여기서 "처음 의식적으로 자기 자신에 대한 그림을 그리겠다고, 그리고 자기 자신의 가장 사적이고도 고통스러운 측면을 그리겠다고 결심했다."고 한다.

"하느님께는 당신을 위한 계획이 있다."라는 진부한 말의 바다 한가운데를 둥둥 떠돌아다니던 세라에게, 칼로의 미술과 문학에 담긴 진솔함은 상처를 낫게 해주는 연고와도 같았다. 칼로에게서 그녀는 아이의 몸이 우선인가 자신의 몸이 우선인가 하는 불가능한 선택과 싸우도록 내몰린 또 다른 멕시코 여인을 보았던 것이다. 칼로는 자신의 몸과 슬픔을 부끄러움 없이 있는 그대로 그려냄으로써, 이러한 고통과 혼란을 작품을 통해 보여줄 수 있었다.

세라의 아들은 2013년 7월에 죽었다. 그해 11월 그녀는 같은 멕시코 출신의 미국인 배우자 루벤과 함께 망자의 날 축제 기간에 멕시코를 방문했다.

"우리는 죽음을 '방문'하려고 간 게 아니었어요. 우리는 관광객이 아니었어요." 세라가 말했다. "우리는 매일매일 죽음과 함께 살고 있었던 거예요."

망자를 위한 정교한 제단과 해골과 두개골 이미지를 흔히 볼 수 있는 곳에서 세라는 캘리포니아에서 찾을 수 없었던 대면과 평화를 찾았다. "멕시코에 있으니, 내 슬픔을 내려놓을 곳이 여기라는 게 느껴졌어요. 그건 인정할 수 있는 사실이었어요. 이곳에서는 나 때문에 사람들이 불편해하지 않았어요. 나는 숨 쉴 수 있었어요."

그들이 찾아간 곳 중에 과나후아토도 있었다. 그곳은 미라들을 모아둔 곳으로 유명하다. 19세기 말에 지역 묘지에 묻힌 시체들은 '영구' 매장을 위한 묘지 세로 상당한 이용료를 내야 했다. 가족이 그 돈을 낼 수 없으면 묵은 뼈들은 결국 치워져 새로 들어오는 시체에 묻힐 자리를 내어줄 수밖에 없었다. 시신을 꺼내는 작업을 하면서 과나후아토시 사람들은 놀랍게도 그들이 파내고 있는 것이 뼈가 아니라 "괴기한 형태와 얼굴 표정 그대로 미라가 된 살"이라는 걸 알게 되었다. 흙의 화학적 성분과 과나후아토의 대기가 섞여 시체들이 썩지 않고 자연스레 미라가 되었던 것이다.

시에서는 미라가 된 시체들을 60여 년 동안 계속 파내, 덜 인상적인 미라들은 화장하고 정말 인상적인 미라들은 시립 박물관인 과나후아토 미라 박물관에 전시했다.

작가 레이 브래드버리는 이 미라들을 1970년대 말에 찾아보고 그것들에 관한 이야기를 쓰면서 "이 체험이 어찌나 상처가 되고 무서웠던지, 나는 즉시 멕시코를 떠날 수밖에 없었다. 나는 내가 죽은 뒤 시신 안에 철사를 넣고 버팀목에 받쳐서, 꼿꼿이 세워놓은 시체들과 함께 죽음의 전당에 남겨지는 악몽을 꿨다."라고 썼다.

이 미라들은 일부러 누군가에 의해 보존된 것이 아니라 환경에 의해 자연적으로 그렇게 된 것이기 때문에 그중 많은 미라들이 입을 딱 벌리고 있거나 양팔과 목이 배배 꼬여 있었다. 죽고 나면 시체는 '원초적인, 축 늘어진 상태'로 돌아간다. 몸의 모든 근육이 풀리면서, 턱이 벌어지고 눈꺼풀의 긴장이 느슨하게 풀리고, 관절도 다 풀린다. 죽으면 생전에 몸의 여러 부분을 서로 지탱해주던 힘이 없어진다. 그 시신들은 더 이상 산 자의 법칙대로 움직이지 않는다. 과나후아토시의 미라들이 흉측해 보이는 것은, 사람들이 '무서워'하도록 일부러 꾸민 것이 아니라 시체들의 정상적인 사후 생물학적 과정의 결과이기 때문이다.

아직도 전시되어 있는 그 미라들은 세라에게는 무서운 것으로 비춰지지 않았다. 세라는 어두운 모퉁이를 돌아 흰옷을 입고 벨벳 천 위에 누워 있는 작은 여자아기의, 미라가 된 시체 앞에 멈춰 섰다. "그 아이는 후광이 드리운 천사같이 보였어요. 그 순간 나는 정말이지 거기 영원히 서서 그 아기만 보고 있을 수도 있겠다는 느낌이 들었어요."

다른 여자 하나가 세라가 말없이 눈물 흘리는 것을 보고 티슈 한 장을 건네며 조용히 그녀를 안아주었다.

박물관에 있는 다른 어린이 미라에게는 왕의 지팡이나 왕관 같은 그들만의 소도구가 있었다. 이런 미라는 작은 천사였다. 20세기 중반 이전까지 멕시코와 다른 라틴아메리카 국가에서 죽은 아기나 어린이는 거의 영적인 존재로, 신의 소리를 바로 곁에서 듣는 성인처럼 여겨졌다. 이런 작은 천사들은 죄가 없어서, 뒤에 남은 가족 구성원들에게 호의를 베풀 수도 있다.

대모가 시체를 준비하여 씻기고 아주 작은 성인의 옷을 입히고 둘레를 촛불과 꽃으로 에워싼다. 아이 어머니는 이 과정이 끝나고 나서 시신을 보게 되는데, 이때 시체는 슬픔의 짐을 다 떨쳐내고 하느님의 오른쪽에 자리를 잡을 준비가 되어 있는 천상의 존재로 변모한다.

친구와 가족 들은 죽은 아이를 기릴 뿐만 아니라, 아이에게 깊은 인상을 남겨 망자의 호의를 얻기 위해 이 파티에 초대받은 셈이다. 기억하라, 이제 죽은 아이는 크나큰 영적인 힘을 소유하고 있다는 것을. 때로 이 아이는 심지어 관을 메는 역할을 하는 다른 아이들과 함께, 또 열 지어 걷는 부모와 가족과 함께, 이 파티 저 파티에 끌려다니기도 한다. 멋진 그림과 함께 이 '작은 천사'의 사진이나 그림이 들어가 있는 경우도 많다.

비록 성인이나 내세를 믿지는 않지만, 세라를 감동시킨 것은 이들이 아이의 죽음을 받아들인다는 것이었다. "이런 아이들은 매우 특별한 존재로 취급받아요. 사람들은 그 아이들만을 위해서 뭔가를 하죠." 그녀가 말했다. 아이를 위한 파티, 그림, 놀이, 그리고 무엇보다 외롭고 끝없는 침묵을 넘어 아이를 위해 해야 할 일들이 있었다.

매년 11월 1일 밤이면 산 자와 죽은 자를 나누는 경계가 열어지고 희미해져서, 정령들이 그 경계를 넘어오는 것이 허용된다. 미초아칸 지방의 소도시 산타 페 델라 라구나의, 조약돌로 이뤄진 길 위에는 할머니들이 망자의 빵과 신선한 과일을 들고 집집마다 분주하게 다니며, 그해에 식구 중 누군가 죽은 사람이 있는 이웃들을 찾아간다.

나는 금잔화로 덮인 집의 입구 아래에서 고개를 숙였다. 문 바로 위에 액자에 넣은 호르헤의 사진 한 장이 걸려 있었다. 그는 죽었을 때 불과 스물여섯 살이었다. 사진 속에서 그는 야구 모자를 거꾸로 쓰고 있었다. 뒤쪽에는 밴드들의 포스터가 붙어 있었다. '슬립낫[◎]? 난 그냥 그렇던데. 호르헤.' 나는 고인을 음악 취향으로 판단하는 것이 혹시 불경스러운 일이 아닐지 궁금해하며 생각했다. '오, 미스피츠[◎◎]! 그건 괜찮네.'

입구를 지나니 호르헤를 위한 3단짜리 제단과 봉헌물이 있었다. 그의 가족과 친구 들이 제단에 갖다 놓은 물건들은 하나하나, 그날 밤 그를 집으로 부르기 위해 고안된 것이었다. 호르헤가 그해에 죽었으므로, 가족은 사는 집에 제단을 세웠다. 몇 년 지나면 그들은 봉헌물을 묘지에 있는 호르헤의 무덤으로 갖고 갈 것이다. 가족이 계속 무덤에 나타나서 산 자들의 세상으로 돌아오라고 부르는 한, 매년 그는 계속해서 돌아올 것이다.

제단 맨 아래에는 천연수지로 만든 향을 담는 검은 성배가 있어, 거기서 뿜어져 나오는 톡 쏘는 향내가 허공으로 모락모락 피어오르고 있었다. 약 1미터쯤 쌓인 과일과 빵을 촛불과 금잔화가 장식하고 있었다. 밤이 깊어가고 좀 더 많은 공동체 구성원들이 여기 들러서 봉헌물을 놓고 가면, 봉헌물 더미는 점점 커질 것이다. 호르헤가 돌아온다면, 그는 되살아난 시신이 아니라 영혼으로 돌아와 자신만의 영적 차원에서 바나나와 빵을 먹을 것이다.

제단 한가운데는 호르헤가 좋아하던, 슬픈 어릿광대 그림과 조커라는 글씨가 쓰인 흰 티셔츠가 놓여 있었다. 펩시콜라 한 병

◎ 1995년 미국 아이오와주에서 결성된 헤비메탈 밴드.
◎◎ 1977년 미국 뉴저지주에서 결성된 펑크록, 헤비메탈 밴드.

이 그가 돌아오기를 기다리고 있었다.(콜라가 얼마나 매력적인지 난 확실히 안다. 조금 역겹게 들릴지 모르겠지만, 난 제로콜라라면 무덤에서라도 벌떡 일어날 것이다.) 조금 더 위에는 전통적인 기독교적 그림이 걸려 있었는데, 여러 명의 동정녀 마리아와 피를 철철 흘리며 십자가에 매달린 예수가 그려져 있었다. 색색으로 오려낸 자전거 탄 해골 모양 종이 장식이 천장에 드리워져 있었다.

호르헤의 가족 열두 명가량이 봉헌물 주위에 모여 밤늦게까지 손님들을 맞이할 준비를 했다. 아장아장 걸어 다니는 어린아이들이 얼굴에 해골 카트리나처럼 색칠하고 반짝거리는 공주 드레스를 입고서 어른들 발치에서 뛰어다녔다. 그 아이들은 어른들이 주는 사탕을 모으기 위한 작은 호박을 들고 있었다.

세라는 가방에 사탕을 가득 넣어 왔다. 이 소식이 아이들 사이에 퍼졌고, 곧 세라 옆에는 카트리나로 분장한 아이들이 호박을 들고 와글와글 모여들었다. 많은 아이들이 속을 판 호박 안에 촛불을 넣어두고 있었다. "세뇨리타! 세뇨리타! 그라시아스!" 세라는 아이들의 눈높이로 낮추어 앉아서 침착하게 사탕을 나눠주고 있었다. 한때 아이들을 가르치는 선생님이었던 그녀답게 아이들을 사랑하는 자세였다. "우리는 망자의 날에 쓰려고 촛불이 들어가는, 이것과 똑같은 호박들을 교실에서 해마다 만들었어요. 하지만 한번 작은 화재가 있고 나서, 당국에서 만들지 못하게 했죠."

그녀가 쓴웃음을 지으며 말했다.

산타 페 델라 라구나는 고유한 피라미드 건축과 소중한 벌새의 깃털 모자이크로 알려진 원주민 푸레페차 사람들이 사는 고장이다. 1525년에 천연두로 인구가 감소하고 강력한 아즈텍족도 이미 스페인 점령군에게 졌음을 알게 되자, 푸레페차 원주민의 지도자는 스페인에게 충성을 맹세했다. 오늘날은 이 지역의 학교에서 푸레페차어와 스페인어를 둘 다 가르치고 있다.

오늘날 죽은 자를 환영하는 요소인 음악, 향, 꽃, 음식은 16세기 스페인 점령 이전에 원주민들 사이에서 이미 쓰이던 것이다. 콩키스타 시대◎에 어느 도미니코 수도회 수사는 원주민들이 만성절◎◎과 만령절◎◎◎ 같은 가톨릭 축일을 기꺼이 받아들였다고 썼는데, 이 축일들이 기존에 원주민들이 망자를 기리기 위해 지내던 축제를 완벽하게 가려주는 위장막 역할을 해주었기 때문이다.

이어지는 수백 년 동안 기존 관행을 근절하기 위한 시도들이 있었다. 그런 관행들은 "무엇보다도 사회생활에서 죽음을 몰아내고자 했던, 내로라하는 엘리트 입장에서는 끔찍한" 것이었다. 1766년에 왕립범죄국은 원주민들이 가족 묘지에서 모이지 못하게 함으로써, 그들을 망자와 잔인하게 단절시켰다. 하지만 관습이란 종종 그렇듯이 어떻게든 살아남을 방법을 찾게 마련이다.

산타 페 델라 라구나의 어느 집 위에는 푸레페차어로 "집에 돌아오신 것을 환영합니다. 코르넬리오 영감님."이라는 표지판이 붙어 있다. 이 집의 가장인 코르넬리오 영감의 제단은 방 하나를

◎ 스페인의 라틴 아메리카 점령 시기.
◎◎ 11월 1일, 모든 성인의 날.
◎◎◎ 11월 2일, 모든 성령의 날.

다 차지하고 있다. 나는 점점 수북하게 쌓이는 봉헌물 더미 위에 바나나와 오렌지를 얹어놓았고, 그러는 동안 집안의 여자 어른들이 우리에게 크고 뜨거운 불 위에서 펄펄 끓고 있는 포졸(돼지고기, 옥수수, 마늘, 칠리소스로 만든 걸쭉한 수프) 한 사발과 아톨(옥수수, 계피, 초콜릿으로 만든 뜨거운 음료)을 컵에 담아 대접했다. 가족들에게 이날 밤은 일방적으로 망자를 위한 봉헌물을 받는 시간이 아니었다. 공동체와 주고받는 밤이었던 것이다.

실물 크기로 제작된 코르넬리오 영감 자신은 방 한구석에 앉아서 그런 행동을 지켜보고 있었다. 코르넬리오 영감의 모형은 판초와 검은 스니커즈 차림으로 하얀 카우보이모자를 삐뚜름하게 쓰고, 마치 낮잠이라도 자는 듯이 접이식 의자에 앉아 있었다.

제단 한가운데는 액자에 넣은 코르넬리오의 사진이 있었고, 사진 속에서 그는 모형과 똑같은 하얀 카우보이모자를 쓰고 있었다. 사진 뒤로 나무 십자가가 세워져 있었다. 십자가에는 칼라베라라고도 불리는 설탕으로 만든 해골들이 화사하게 칠해진 채로 매달려 있었다. 그리고…… 베이글도. "세라, 보통 제단 위에 베이글을 매달기도 해요?" 나는 물었다.

"그럼요. 앞으로 베이글을 많이 보게 될 거예요." 세라는 말했다.

여러 가정에 방문해 봉헌물을 놓고 나서, 나는 세라에게 어느 제단이 가장 감동적이었느냐고 물었다. "가장 행복했던 시간은, 제단을 보았을 때가 아니라 아이들과 함께 있었던 때예요." 그녀는 어느 남자아이 하나에게 손짓했다. 서너 살 먹은 그 아이는 호박 양동이를 갖고 아장아장 걸어 다니며 슈퍼맨 망토를 두르고 있었다. "달콤하면서도 씁쓸한 기분이에요. 내 아들이 지금 살아 있으면 바로 저 나이인데." 어린 슈퍼맨은 수줍어하며 사탕 담을 호박을 내밀었다.

우리는 남쪽으로 여행을 계속하여 좀 더 큰 도시인 친춘찬에 이르렀다. 이 도시에서는 망자의 날에 시끌벅적하게 거리 축제가 벌어진다. 장사꾼들은 돼지고기와 쇠고기를 널찍한 철판 위에다 굽고 가게 바깥에 달린 스피커에서는 음악 소리가 크게 들리고, 아이들은 길거리에서 폭죽을 터뜨린다. 도시 끝의 완만한 언덕 위에 이 지역의 묘지가 있다.

11월 1일 저녁에 이 묘지로 걸어 들어가면, 보이는 것들이 많다. 묘지는 수만 개의 촛불로 환히 빛나는데, 이 촛불은 가족들이 1년 내내 돌아올 망자를 위해 준비하고 밝혀두는 것이다. 어린 소년이 할머니 무덤에서 촛불 수천 개 중 꺼진 것이 있으면 다시 불을 붙이거나 새것으로 바꿔놓으며 부지런히 일하고 있었다. 촛불 빛이 금잔화와 향냄새와 섞여 무덤 사이로 황금색 아지랑이가 피어올랐다.

최근 몇 해 사이에 미국의 많은 도시에서는 할리우드 포에버 묘지에서 대대적으로 올리는 행사를 포함해 망자의 날을 기념하는 행사를 하기 시작했다. 할리우드 포에버 묘지는 로스엔젤레스에 있는 내 장의사에서 불과 도로로 몇 분만 내려가면 되는 곳이라, 나는 여러 차례 그 행사에 참여한 적이 있다. 할리우드에서 벌어지는 행사의 규모와 진행 방식은 인상적이지만 느낌과 정서로는 친춘찬의 행사에 한참 못 미친다. 이 묘지 담벼락 안쪽에 있노라면, 마치 붉게 빛나며 쿵쿵 고동치는 심장 한복판에 있는 것처럼 안전한 느낌이 든다.

돌아온 망자들이 봉헌물을 담아갈 수 있도록 바구니들이 무덤의 시멘트 바닥 위에 놓여 있었다. 작은 장작불이 타오르며 모인 가족들을 따뜻하게 해주었다. 트롬본, 트럼펫, 북, 커다란 튜바로 이뤄진 밴드가 이 무덤 저 무덤으로 이동하며, 훈련되지 않은 내 귀로 듣기에는 마리아치◎와 대학의 투쟁가를 적당히 섞은 것 같은 란체라를 연주하고 있었다.

한 살도 되지 않아 죽은 마르코 안토니오 바리가의 무덤 앞에 세라는 우뚝 멈춰 섰다. 마르코를 그린 그림에는 그의 위를 훨훨 나는 비둘기 한 마리가 있었다. 그의 무덤은 높이가 무려 213센티미터에 달해 마치 성채 같았는데 이는 그 부모의 슬픔이 얼마나 컸는지 말해주고 있었다. 마르코는 20년 전에 죽었지만 그의 무덤은 아직도 촛불과 꽃에 뒤덮여 있었고, 이는 아이를 잃은 고통이 절대 없어지지 않는다는 것을 보여주는 증거였다.

멕시코에 오기 전, 나는 세라의 아들이 죽었다는 것은 알고 있었지만 그 내막은 정확히 몰랐다. 우리가 함께 묵는 호텔 방에 둘만 있게 되자 그녀는 충격적인 진실을 알려주었다.

세라가 처음 초음파 검사를 하러 가자, 수다스러운 검진 기사가 세라의 배 위로 초음파 막대기를 미끄러뜨리더니 일순간 조

◎ 멕시코의 유랑 악사들이 연주하는 민속음악.

용해졌다. "의사 선생님을 모셔올게요." 그녀가 말했다.

두 번째 초음파를 할 때 그 전문가는 놀랍게도 직설적으로 말했다. "아, 여기 만곡족◎이 보이네요. 이쪽은 손가락이 세 개이고, 이쪽 손은 넷이에요. 심장 발달 상태도 안 좋아요. 오, 보세요. 그래도 아기 눈은 두 개네요! 대부분 그렇지 않거든요." 그녀가 말했다. 그러더니 마지막으로 염장 지르는 소리를 했다. "이 임신이 끝까지 갈 것 같지 않네요."

세라의 아기는 파타우증후군으로, 지적, 신체적 기형을 초래하는 희소한 염색체를 갖고 있었다. 이런 조건으로 태어나는 아기들은 대부분 며칠 이상 살지 못한다.

세 번째 의사는 세라에게 말했다. "만약 당신이 내 아내라면, 난 이 임신을 끝까지 유지하지 말라고 할 겁니다."

네 번째 의사는 두 가지 암울한 선택지를 제안했다. 첫 번째는 병원에서 인공적으로 유도분만을 하는 것이다. 아기가 자궁에서 나오면 아주 잠시밖에 못 살고 죽게 된다. 두 번째 선택은 임신 중절을 하는 것이다. "로스앤젤레스의 내가 아는 의사가 있는데 해줄 수 있어요." 의사는 말했다. "보통 중절 수술을 이렇게 늦게 하지는 않는데, 하지만 내가 전화를 걸어 줄게요."

이 말을 들었을 때 세라는 임신 6개월에 가까웠다. 그녀는 수술 일정을 잡았다. 그녀는 스스로 아기로부터 거리를 두며 앞으로 일어날 사태에 대비하려 애썼지만, 아기는 벌써 배 속에서 발

◎ 날 때부터 기형으로 굽은 발.

차기를 하고 있었다. 그녀는 아기가 떠나버리는 것이 싫었다. "그 아기는 내 안에 들어 있는 낯선 무엇이 아니라…… 내 아들이었어요."

이렇게 늦은 단계에 임신 중절을 하려면 사흘에 걸쳐 세 가지 장애물을 넘어야 한다. 임신중절 반대자들이 한 줄로 서서 세라와 루벤이 산부인과로 들어가지 못하게 막았다. "특히 끔찍했던 한 여자가 내게 계속해서 소리를 질렀어요. 나더러 살인자라고 하더라고요. 난 도저히 참을 수 없어서 그녀에게 똑바로 걸어가 면전에 대고 소리쳤어요. '내 아기는 이미 죽었어요! 당신이 어찌 감히 이럴 수 있어요!'라고 말이에요."

그들은 산부인과 바깥에 있는 낙태 반대자들이 "거기! 죽은 아기를 가진 여성 분! 우리 말 들으세요. 우리는 아직도 당신을 구할 수 있어요!"라고 어렴풋하게 외치는 소리를 들으며 한 시간을 기다렸다.

이것이 세라와 루벤의 인생에서 겪은 최악의 사흘이었다. 마지막으로 초음파 검사가 필요했다. 세라는 화면을 차마 보지 못하고 뒤돌아섰지만, 루벤은 그들의 아기가 마치 작별 인사를 하듯이 손을 흔드는 것을 보았다.

다른 방에서 세라는 임신했다고 목숨을 끊으려 했던 어린 소녀의 비통한 흐느낌을 들었다. "난 임신이 싫어요! 원치 않는다고요!" 그 소녀는 소리 질렀다.

"나는 그 아이를 위로하고 내가 아기를 맡겠다고 말하고 싶었어요. 하지만 그건 내가 진정 원하는 바가 아니었어요. 내가 원하는 건 '이' 아기, 내 아기였던 거예요." 세라가 회상했다.

마지막 날, 전 스태프가 다 들어와 그녀의 수술대 주위에 서서 세라에게, 이런 일이 일어난 것에 대해 자기들이 얼마나 유감스러운지 전하며, 그녀를 잘 돌보겠다고 약속했다. "그 수술실이 가장 날 친절하게 대해준 곳이었어요." 세라가 말했다. "내게는 죽음의 장소였는데 말이죠."

그로부터 3년여 세월이 흘렀지만, 아들의 죽음의 무게는 세라의 몸에 닻을 내린 채 남아 있었다. 친춘찬의 묘지에서 마르코 아기의 사진을 세라가 뚫어지게 보고 있으니 루벤이 다정하게 그녀 등을 쓸어주었다. 그녀가 침묵을 깨고 말했다. "이 부모들은 그저 남들에게 아기를 보이고 싶었을 거예요. 너무 자랑스러웠을 테니까요. 아기가 죽으면 그럴 기회도 빼앗긴 거예요. 이건 그들이 아직도 아기를 사랑하고 자랑스러워한다는 걸 내보일 기회인 거죠."

세라의 아들이 죽었을 때 그녀는 자부심은커녕 그 정반대의 감정을 느꼈다. 그녀는 자신의 뼈저린 트라우마 때문에 그 누구도 우울해지지 않게끔 '존엄성'을 유지하고 슬픔을 소리 없이 삼키라는 압박을 받았다.

서양의 장의사는 '존엄성'이라는 말을 좋아한다. 미국에서 제일 큰 장례업체는 심지어 그 단어로 특허까지 받았다. 존엄성이란 대개 입 다무는 것, 강요된 침착함, 엄격한 형식을 지키는 것을 의미한다. 밤에 시신을 지키는 일은 정확히 두 시간 동안 해야 한다. 행렬은 묘지로 향해야 한다. 가족들은 관이 구덩이에 내려지기도 전에 묘지를 떠나야 한다.

그 묘지에는 무덤마다, 아드리엘 테라스 델라 크루스를 포함한 어린아이들을 추모하는 기념비 같은 것이 있었다. 아드리엘은 세라의 출산 예정일에 태어났고 겨우 일주일 좀 넘게 살았다. 아드리엘의 부모님이 그의 무덤 옆에 앉아 있었다. 작은 여자 아기가 어머니의 품에 안겨 있었고, 그보다 조금 나이 많은 남자 아기가 무덤 옆에, 담요에 잘 싸인 채 쌔근쌔근 잠들어 있었다.

클라우디오 롬니츠는 말하기를, 미국이 망자의 날을 차용하거나 받아들임으로써 마침내 멕시코의 북쪽 이웃인 미국인의 감정생활을 구할 수 있었다고 보았다. 멕시코 사람들에게는 "치유하는 힘이 있으며, 이는 미국의 가장 고통스러운 고질병인 죽음 부정…… 그리고 사별한 사람을 일종의 독방 감금 상태에 버려두는 것을 치유한다."라고 그는 썼다.

멕시코에서 보낸 마지막 날, 우리는 멕시코시티로 돌아가서 프리다 칼로가 살았던 그 유명한 집 카사 아줄◎을 찾아가보았다. 칼로는 이 집에서 태어나 47세의 나이로 죽었다. "글자 그대로 이상하고 괴상한 집이지만, 이곳에 온 것은 감사를 표하기 위한 행위였어요." 세라는 설명했다. "프리다는 나를 도와주었어요. 카사 아줄에 간 것은 내게 일종의 순례였어요."

"엄마들은 대부분, 적어도 어느 정도는 아이가 태어남으로써

◎ '푸른 집'이라는 뜻의 스페인어.

집에 갇히게 될 거라는 두려움이 있는 것 같아요." 세라가 말했다. "난 언제나 내가 할 수 있는 일들, 내가 여행할 수 있는 곳들, 내가 순례할 수 있는 이런 곳들을 다 알고 있어요. 왜냐하면 내게는 어린아이가 없으니 말이에요. 난 내게 시간이 많이 주어져 있다는 것을 알고 있어요. 그게 더욱 가치 있는 건, 내가 지독한 대가를 치르고 그 시간을 얻었기 때문이죠."

카사 아줄에는 칼로의 그림 「프리다와 제왕절개 수술(Frida and the Cesarean)」이 전시되어 있었다. 이는 미완성의 그림인데, 여기서 프리다는 배가 절개된 상태로 달을 다 채우고 태어난 아기 옆에 누워 있다. 세라는 그 그림을 보고 헉 하고 숨을 들이쉬었다. "이 그림들 중 한 점과 직접 대면하는 건 처음이에요. 마치 온라인에서 사귀고 실생활에서 처음으로 직접 대면하는 것 같아요. 정말 감동적이네요."

아이를 낳는다는 것에 대해 프리다 칼로가 가졌던 진짜 느낌이 무엇이었는지는 결코 명확하게 밝혀지지 않을 것이다. 어떤 전기 작가들은 그녀의 성녀 같은 이미지를 보호하는 데 급급해, 의학적 인공유산을 두고서 이런 일만 없었더라면 열성적인 어머니가 되었을 사람의 파멸적인 '자연유산'인 것처럼 재포장했다. 또 어떤 전기 작가들은 칼로가 실상은 아이에 관심이 없었고 그녀의 "허약한 건강 상태"는 그저 한 가정을 이루어야 한다는 문화적 기대에서 벗어나기 위한 핑계였을 뿐이라고 주장한다.

위층에 있는 칼로의 작은 침실에 올라가자, 콜럼버스 이전 시대에 만들어진 납골함에 그녀의 재가 담겨 있었다. 프리다가 혼자 쓰던 침대 위에는 그녀가 죽은 직후에 석고로 얼굴을 본떠 만든 데스마스크가 놓여 있었는데, 그로써 한 예술가가 바로 이 방에서 피 흘리며 죽었다는 사실을 섬뜩하게 되새길 수 있었다. 프리다는 침대 위쪽에 그림 한 점을 걸어놓았는데, 그림 속의 죽은 아이는 하얀 강보에 싸여 화관을 쓰고 새틴 베개를 베고 누워 있었다. 그 그림의 제목은 「작은 천사(Angelito)」였다.

인간 재구성 프로젝트
미국 노스캐롤라이나주 컬로위

회색고래는 인상적인 동물이다. 몸길이가 15미터나 되고 무게가 36톤 이상 나가며, 펼치면 3미터에 달하는 엄청난 꼬리를 가진 동물. 캘리포니아 해안에서 19킬로미터 이상 떨어진 곳에서 모습을 볼 수 있는 고래는 최후의 물을 약하게 뿜어낸다. 65년 살고 나서야 이 커다란 야수에게 죽음이 닥쳐왔다. 죽음을 맞으면 고래는 축 늘어져서 수면 위에 떠오른다.

어떤 고래는 죽으면 바로 가라앉지만 이 특별한 고래는 수면에 아직도 떠 있다. 고래의 사체 안에서 조직과 단백질은 분해되고, 기관들은 녹아 없어진다. 그리고 이 과정에서 생겨난 기체는 고래의 지방 껍질을 가득 채워, 고래를 섬뜩한 풍선 모양으로 바꿔놓는다. 고래가 한번 찔려 구멍이 나면 그 기체의 압력으로 인해 물컹물컹한 내장들은 몸에서 몇 미터나 떨어진 곳으로 밀려날 것이다. 하지만 이 고래의 피부는 그대로 붙어 있다. 기체는 천천히 빠져나간다. 전에 고래였던 몸은 바람이 빠져 줄어들며 차츰 바다 밑바닥으로 하강하기 시작한다. 밑으로, 밑으로 내려가 1킬로미터 넘게 여행하고 나서야 마침내 고래는 부드러운 밑바닥에 닿는다.

이 심해로 내려오면 차갑고 깜깜하다. 햇빛은 이 깊이까지 비치지 않는다. 고래는 여기 바다 밑바닥, 차갑고 방해받지 않는 어둠 속에 '편히 쉬려고' 내려온 것이 아니다. 고래의 잔해는 곧 수십 년간 지속될 웅장한 연회 장소가 될 것이다. 이 과정은 해양학자들 사이에서 '고래의 낙하'로 알려진 현상으로, 고래 잔해는 주변에 하나의 온전한 생태계를 만들어낸다. 이는 마치 원시 심해에 사는, 외계 생명체처럼 생긴 생물들을 위한 팝업 레스토랑 같은 것이다.

움직임이 빠른 청소 물고기들이 고래 냄새를 맡고 처음 먹으러 온다. 그들은 본질적으로 다른 세상에 사는 듯한 심해의 시민들이다. 잠꾸러기 상어, 먹장어, 게, 은상어. 이들은 부패한 살을 뜯어 먹기 시작해 하루에 약 59킬로그램까지 먹어치운다.

일단 유기물 덩어리를 깨끗이 뜯어 먹으면, 고래 뼈 주위의 해역은 그것들이 아니었으면 삭막한 해저였을 곳에서 일약 생의 활기가 넘쳐나는 곳이 된다. 연체동물과 갑각류 들이 집을 짓고 들어앉는다. 심해 벌레들이 이루는 짙고 붉은 흐릿한 떼가 1제곱미터당 4만 5000마리꼴로 고래 뼈에 붙어서 자란다. 이 벌레의 라틴어 이름은 '오제닥스'인데, 뼈를 갉아먹는 벌레라는 뜻이다. 이 입도 없고 눈도 없는 생물은 그 명칭에 맞게 뼛속으로 파고들어 그 안에서 지방질을 빨아 먹는다. 최근에 과학자들이 발견한 바로는, 낙하한 고래 잔해에서 나타나는 황을 좋아하는 박테리아는 심해의 열수 분출공에서 발견된 박테리아와 유사하다고 한다.

고래가 낙하한 장소는 「미녀와 야수」에 나오는 「손님이 되어 주세요(Be our guest)」 장면의 수십 년짜리 버전이 된다. 이곳은 생물들이 '순서대로, 하나씩 하나씩' 고래를 먹어치우는 흥청망청한 축하 파티장이 된다. 이 고래는 죽고 난 뒤 베푸는 동물의 전형이며, 한 동물이 죽고 난 뒤 그 시신을 다른 동물들이 번창할 수 있게 내주는, 합리적이고도 아름다운 계약의 일부분이다. "회색 부분 좀 먹어봐, 맛있어." 고래 사체가 이렇게 말하는 듯하다. 한마디로 고래는 사후 세계의 귀한 시민인 것이다.

사실 과학은 고래가 이 현상을 어떻게 느끼는지 아직 밝혀내지 못했다. 기회가 주어진다면, 고래들은 하강은 포기하고 그 형해가 세상 어딘가에, 범접할 수 없는 산호초 성채 속에 갇히는 것이 낫다고 여길까? 죽은 후 안전한 안식처가 될지는 모르나, 떠난 고래에게는 더 이상 필요 없는 필수 영양소를 다른 동물들이 섭취하지 못할 그곳에?

고래들은 주위 환경을 유지하는 데 온 생애를 바친다. 그들이 먹는 것은 물고기와 크릴새우다. 그리고 몇 년 동안 인간들은 고래 수가 줄어들면 우리가 먹을 물고기와 크릴새우 수가 늘어날 것이라고 추정했다. 포경 산업은 20세기에만 근 300만에 달하는 고래를 학살했고, 이 방정식은 이를 정당화했다.

증명된 바와 같이, 고래 수가 줄어든다고 해서 물고기 수가 늘어나는 것은 아니다. 고래는 먹을 것을 찾으러 심해의 그늘진 곳까지 내려간다. 그들은 거기 있다가 숨을 쉬러 수면으로 다시 올라와야 하고, 이때 막강한 똥 기둥을 방출한다.(고래들은 똥을 싸는 것이다. 이 점에 주의하라.) 고래가 싼 똥은 철분과 질소가 풍부해, 밑으로 흘러내려 플랑크톤의 양분이 된다. 이미 짐작했겠지만 물고기와 크릴새우는 이걸 먹고 살며 번식한다. 고래는 사는 동안 이 순환의 주요 부분이고, 죽어서도 다르지 않다.

당신도 죽은 후 이처럼 뭔가에 공헌하고 싶다는 충동을 본능적으로 느낄 수 있다. 이런 후렴이 점점 더 인기 높아지는 것을 달리 어떻게 설명하겠는가? "내가 죽으면, 소란 떨지 마세요. 구멍 하나만 파고 그 속에 묻어주세요."

실로 현명한 요청이다. 시신을 자연으로 돌려보내는 것은 가장 저렴하고 가장 '자연 친화'적인 선택 같다. 결국 우리가 살면서 먹는 동식물은 흙에서 자라고 영양분을 받는다.

흙 4047제곱미터 속에는 균류 약 1100킬로그램과 박테리아 약 680킬로그램이 들어 있다. 지렁이들은 약 408킬로그램, 절지동물과 조류는 404킬로그램, 원생동물은 약 60킬로그램이 들어 있다. 시체(그 소시지 같은 케라틴층이나 죽은 피부 안)가 그렇듯이 흙에도 생명이 풍부하다. 시체가 흙 속에 얕게 묻히기만 해도 미생물의 마법이 일어난다. 여기서, 몸속에 사는 수조 개의 박테리아가 내장을 액화한다. 차곡차곡 쌓인 압력이 피부를 뚫고 나오는 순간 한바탕 향연이 벌어져 우리 몸은 흙과 하나가 된다.

우리는 모두 흙에 생을 빚지고 있다. 윌리엄 브라이언트 로건이 말했듯이 "우리가 자연에 몸을 돌려주는 것으로는 그 빚을 다 갚지 못한다." 그럼에도 불구하고 빚 잔치의 시작은 될 것이다.

"여기서 우리가 하고 있는 일을 뭐라고 표현할 수 있을까요, 카트리나?"

그녀는 대답하기 전에 잠시 생각하더니 말했다. "우리는 실험을 위한 밑 작업을 하고 있는 거죠."

"무슨 실험이요?"

"잠깐, 그걸 '실험'이라고 부르지는 맙시다. 마치 내가 정신 나간 과학자인 것처럼 들리니 말이에요."

"그럼 실험 말고 뭐라고 불러야 할까요?"

"우린 여기서 언덕을 쌓고 있는 거죠. 아냐, 이 말도 오싹하네요. 이런 제길."

난 기다렸다.

"그냥 우리가 언덕 쌓는 법을 약간 변경하고 있다고만 합시다." 그녀는 반쯤 만족한 상태로 이렇게 결정했다.

《뉴욕타임스》에서 "시신을 퇴비화한다."라고 표현한 이 과업을 이끌고 있는 카트리나 스페이드는 조심스럽게 말했다. 이는 '친환경적인 죽음 혁신'과 '돌팔이의 정신 나간 소일렌트 그린 계획◎' 사이에서 아슬아슬하게 줄 타는 제안이자 정교한 판매 전략이다.

카트리나와 나는 애팔래치아산맥 남부, 테네시주와 노스캐롤라이나주의 경계에 걸쳐 있는 블루리지 마운틴의 구불구불한 도로를 운전해서 올라갔다. 미국의 다른 지방처럼 여기도 현대적인 장의업체가 알게 모르게 들어와서 장례 과정을 잠식했다. 하지만 이 지역의 고립과 종교, 빈곤 때문에 산업화된 죽음이 슬금슬금 기어들어오기까지는 이 나라의 다른 어느 곳보다도 오래 걸렸다.

마침내 우리는 고립된 도로로 돌아 내려가 어느 대문 앞에 멈춰 섰다. 셰릴 존스턴 박사(학생들이 'J박사'라 부르는 사람)가 벌써 거기 와 있었고, 대학생 자원봉사 동아리도 같이 모여 있었다. J박사는 웨스턴캐롤라이나 대학교 법의학 골학연구소, 일명 '포리스트(FOREST, Forensic Osteology Research Station)'를 운영하고 있었다. '시신 농장'으로 불리는 이런 류의 기관을 아마 들어본 적이 있을 것이다. 거기서는 과학계에 기증된 시신들이 법의학 연구와 수사기관 요원들의 교육을 위해 누워서 부패해가고 있다. 그러나 J박사가 재빨리 지적한 대로, 시신 농장은 부정확한 표현이다. "농장에서는 먹을거리를 재배하잖아요? 그런데 우리는 몸을 재배하지는 않아요. 여기서 나오는 최종 결과물을 고려하자면,

◎ 「소일렌트 그린」은 1973년 개봉한 미국 SF영화로, 천연 식품이 사라진 지구에서 사람들은 소일렌트라는 알 수 없는 음식을 주식으로 삼고 있다. 영화에서 이 식품의 주성분이 죽은 사람이라는 것이 밝혀진다.

'해골 농장'이라고 부를 수는 있겠죠?"

나는 흙무덤처럼 보이는 것을 덮어 놓은 은빛 방수포를 곁눈질하고 있었다. "기증받은 시체들을 저 밑에 묻어 두나요? 바로 우리가 주차하는 곳에다가?" 난 궁금했다. 나도 한때 죽은 사람을 많이 보았지만, 그들은 모두 위협적이지 않았고 소독한 하얀 탁자나 들것 위에 누워 있었다. 시체가 '있을' 곳이 아닌 데에 있으면, 마치 화학 선생님을 슈퍼마켓에서 만났을 때처럼 마음이 불편해진다.

"아뇨." 자기소개를 한 다음 J박사는 대답했다. "그건 인간 시체가 아니에요. 검은 곰들이죠. 길을 건너다 차에 치인 곰들이에요. 어떨 때는 천연자원부에서 1년에 한 번씩 그런 곰들을 15~20마리씩 갖다주거든요. 그놈들은 털이 너무 검어서 한밤중에 차에 치이기 아주 쉬워요."

곰을 묻는 일('곰례식'이라고나 할까.)은 학부생들에게 일종의 훈련이 되었다. 곰 한 마리가 썩어 뼈만 남으면 학생들은 격자무늬 판을 설치하고 그 뼈를 주워 모아 실험실로 가져와 조사한다. 학부생이 곰 유해를 성공적으로 처리하면 사람 유해를 연구할 수 있다는 허락을 받는다. 사람 시신은 주차장이 아니라(이걸 알게 되어서 기뻤다.) 언덕 위의 가로세로 각 18미터 정도 되는 우리 같은 곳에 있었다. 그리고 이 주변에는 코요테, 곰, 그리고 술에 취한 대학생들이 들어오지 못하도록 철조망을 둘러놓았다.

우리는 언덕을 걸어 그 우리같이 생긴 곳의 자물쇠 채운 문까지 갔다. J박사가 그 문을 열었다. 안에 들어서니 나를 맞이한 것은 톡 쏘는 듯한 시체 냄새나 죽음의 으스스한 느낌이 아니었다. 이 노스캐롤라이나 산중에 있는 시체 우리의 풍경은 오히려 대단히 고풍스러운 그림 같았다. 어룽거리는 햇빛이 나무 사이로 쏟아져내려 육감적인 덤불들을 내리쬐고 있었다. 현재 그곳에는 사후 기관에 누워 안식하러 온 열다섯 사람의 잔해가 있었다. 세 구는 흙 속에 묻혀 있었고, 열두 구는 땅 위에 노출된 채 전시되어 있었다.

자주색 물방울무늬 잠옷을 입은 여자 해골의 뼈들은 봄철에 폭풍우 친 빗물이 땅 위로 흐른 탓에 여기저기 흩어져 있었다. 그녀의 두개골은 대퇴골 주변으로 내려와 안식을 취하고 있었다. 왼쪽으로 몇 미터 옆에는 좀 더 최근에 죽은 남자가 턱을 헤 벌리고 있었다. 붙어 있는 얇은 살이 겨우 그의 아래턱뼈를 제 위치에 붙들어두고 있었다. 그의 옆에 무릎을 꿇는다면 그 살을 뚫고 돋아난 호박색 수염을 볼 수 있을지도 모른다.

카트리나가 언덕 위쪽의 널브러진 해골을 가리켰다. "몇 달 전 내가 여기 왔을 때, 저 사람은 아직 콧수염도 있었고 푸른 빛깔의 피부도 보기 좋게 마블링 된 것 같았어요. 그리 좋은 냄새가 나지는 않았지만." 그러고 나서 그가 바로 앞에 누워 있는 것이 보이자 그녀는 사과했다. "미안해요, 근데 사실인걸."

죽은 사람을 퇴비로 만들자는 생각이 처음 떠오른 것은 카트리나가 건축학 석사 논문을 쓰고 있던 때였다. 다른 학생들은 렘 콜하스와 프랭크 게리 등 유명 건축가의 작품을 겨우 흉내만 내고 있을 때, 카트리나는 "도시에서 죽은 자가 쉴 만한 공간"을 디자인하고 있었다. 앞으로 그녀의 고객이 될 사람들은 생전에는 콘크리트 밀림 속에서 편하게 사는 것에 만족하지만 죽어서는 '살이 흙이 되는' 자연계로 돌아가고 싶어 하는 현대 대도시의 시민들이라고 생각했다.

그런데 '흙으로 돌아가고자' 하는 원초적 욕망을 해결하려는데 어째서 인간을 퇴비로 만들려는 것일까? 저 욕망에 걸맞은 명백한 방법은 더 자연적이거나 친환경적인 묘지를 지어 시체를 곧바로 땅속에 묻는 것일 텐데 말이다. 방부처리도, 관도, 무거운 콘크리트 납골함도 없이. 이 질문에 대한 카트리나의 대답은 정확히 말하자면 이렇다. 인구 과잉의 도시들은 고인에게 가치 있고 개발 가능한 땅을 충분한 넓이로 할당해주지 않을 것이다. 그래서 그녀의 목표는 매장 시장의 개혁이 아니라 화장 시장의 개혁인 것이다.

카트리나가 쓴 논문은 '도시 죽음 프로젝트'로 이어졌다. 도시에 시신을 퇴비화하는 센터를 건설한다는 청사진이다. 이 센터들은 베이징에서부터 암스테르담까지 전 세계로 확장될 수 있다. 유가족은 경사로를 통해 건물의 중심부로 고인을 운구해올 수 있다. 부드럽고 따뜻한 느낌을 주는 콘트리트로 지어진 2층 반 높이 건물의 꼭대기에 도착하면 시신은 탄소가 풍부한 혼합물 속에 뉘어진다. 이 혼합물은 4~6주 사이에 시신을(뼈와 모든 것을) 흙으로 만든다.

질소 농도가 높은 것들(음식물 쓰레기, 풀잎 쪼가리들…… 혹은 시체들)을 탄소 함량이 높은 물질들(나뭇조각이나 톱밥)과 섞으면 퇴비 반응이 일어난다. 여기에 약간의 습기와 산소가 더해지면, 더미 속의 미생물과 박테리아가 유기 조직을 분해하기 시작하고 열을 방출한다. 이리하여 전체가 익는다. 퇴비 더미 안의 온도는 종종 섭씨 65.5도에 이른다. 이 온도에서는 대부분의 병원균이 죽는다. 탄소와 질소의 균형만 잘 맞추어주면 분자들이 결합해 믿을 수 없을 만큼 풍성한 흙이 만들어진다.

"4~6주 동안 분해되고 나면 더 이상 인간이 아니게 되는 거예요."라고 카트리나는 설명했다. "분자들은 말 그대로 다른 분자로 변하고 다른 것으로 변하는 거죠." 이러한 분자의 변모 때문에 그녀는 이 과정에 '재구성'이라는 이름을 붙였다.('시신 퇴비화'는 일반 대중에게 약간 강렬한 느낌을 주니까.) 재구성의 마지막 단계에는 가족들이 그 흙을 모아 자기 정원에 가져다 놓을 수도 있다. 정원 가꾸기를 좋아했던 한 어머니는 그 자신이 흙이 되어 새로운 삶을 키울 수 있는 것이다.

카트리나는 우리가 인간을 재구성할 수 있다고 99퍼센트 믿고 있었고, 그녀의 자문위원단에는 이 믿음이 100퍼센트여야 마땅하다고 생각하는 훌륭한 토양과학자들도 있었다. 왜냐하면 이들은 수년 동안 가축을 퇴비로 만들어왔고, 화학적, 생물학적 처리 과정을 통해 454킬로그램인 소를 분해할 수 있다면 기껏 80킬로그램 남짓한 인간에게도 이것이 똑같이 작용할 수 있을 것이기 때문이다. 하지만 그녀에게는 실제 생생한(그래, '실제 죽어 있는'이라고 하는 게 더 정확하겠다.) 인간 유해에 대한 실험 증거가 필요했다.

이 대목에서 존스턴 박사와 포리스트라는 기관이 끼어든 것이다. J박사는 인간의 퇴비화를 연구하는 카트리나의 생각에 굉장한 흥미를 느꼈지만, 실험을 즉각 계획하지는 않았다. 그때 뜻밖의 우연으로 J박사는 학내에서 진행 중인 재활용 프로그램으로부터 나뭇조각 더미를 받게 되었다. 그 직후 그녀는 새롭게 기증받은 시체가 이 기관으로 오고 있다는 전화를 받았다. 그래서 그녀는 카트리나에게 문자를 보냈다. "시체가 왔어요. 우리 한번 해볼까요?"

2015년 2월, 첫 신체 기증자는 78세 된 할머니였는데(그 이름을 편의상 '준 콤포스트'라 부르자.) 포리스트의 언덕 기슭의 나뭇조각으로 된 침대에 누워 있었다. 한 달 후, 두 번째 기증자인 좀 더 덩치 큰 남자(그의 이름을 '존 콤포스트'라 부르자.)는 알팔파와 나뭇조각에 섞여 언덕 꼭대기에 놓였다. 그 더미 위로는 은빛 방수포를 덮었다. 실험은 그렇게 복잡하지 않았다. 기증받은 두 구의 시신이 답할 질문은 하나였다. "과연 이 둘은 퇴비가 될 것인가?"

오늘 포리스트에는 신경 쓸 만한 새로운 신체 기증자가 있어, 한 시간 후 이 기관에 도착하기로 되어 있었다. 그의 이름은 프랭크였다. 그는 60대 남자로, 이번 주 초에 심장마비로 쓰러졌다. 죽기 전에 프랭크는 자기 몸을 인간 부패 연구 기관에 기증하기로 했다.

"프랭크의 가족은 인체 퇴비화 과정에 대해 다 알고 있나요?"

나는 존스턴 박사에게 물었다.

"나는 그의 남동생 바비와 여러 차례 통화했어요." J박사는 설명했다. "난 명확히 말했죠. '거절해도 돼요. 그러면 프랭크의 시신은 보통의 법의학 연구에 사용될 거예요.'라고. 하지만 유가족은 이것이 프랭크가 원한 일이라고 거듭 말하더라고요. 솔직히 말해서, 이런 곳에 시신을 기부하겠다고 서명까지 했을 때는, 본인이 상당히 많은 걸 알고 있는 겁니다."

프랭크를 맞을 준비를 하기 위해, 우리는 엄청나게 많은 소나무와 단풍나무 조각 더미를 삽으로 퍼내 19리터짜리 양동이에 담아 언덕 위로 낑낑대며 들고 가기 시작했다. 몸이 힘들어도 카트리나는 당황하지 않았다. 카트리나는 키가 크고 머리는 아주 짧고, 몸은 군살 없이 탄탄했다. 나이는 30대 후반이었지만 그녀를 보면 고등학교 때 인기 있었던 축구 선수가 떠올랐는데, 실제로 카트리나는 양동이를 들고서 언덕 위로 껑충껑충 뛰어올랐다.

학부생 중 한 명, 금발의 건장한 청년은 한꺼번에 양동이 네 개, 그러니까 한 손에 양동이를 두 개씩 들고 올라갈 수 있었다.

"여기 학생이세요?" 내가 물었다.

"네, 그렇습니다. 선생님. 전 여기 학생입니다. 법인류학과 4학년입니다." 그가 남부 사람답게 느릿느릿한 말투로 대답했다. 내게 이렇게 깍듯이 '선생님'이라는 존칭을 쓰는 것은 남부 특유의 언어 습관일 뿐, 내가 나이 들었다는 뜻은 아니라고 생각하며 나 자신을 보호했다. 노스캐롤라이나의 햇볕 아래 나뭇조각을 담아 나르는 작업(나는 그 일에 용감하게 온 힘을 쏟았다고 덧붙이고 싶다.)은 실로 육체노동에 가까웠다. 그것은 화장이 끝나고 재를 써레로 고르며 뼈를 찾는 죽음 돌봄 작업처럼 선 수행 같은 느낌을 주지는 않았다.

11시까지 우리는 언덕 꼭대기에 있는 우리 속에 약 60센티미터 두께의 나뭇조각 층을 만들었다. 이제 기꺼이 본인을 희생하기로 한 프랭크의 시신만 오면 되었다. 이때 마치 신호라도 받은 듯, 군청색 밴 한 대가 주차구역으로 굴러오고 있었다. 다림질한 카키색 바지와 그에 어울리는 크라우 장의사 로고가 박힌 청색 폴로셔츠를 입은 두 남자가 들어왔다. 그들은 아버지와 아들로 이뤄진 장의 팀이었다. 연장자인 크라우는 백발이었고, 그보다 젊은 크라우는 금발이었다.

크라우 부자는 전에 한 번도 포리스트에 와본 적이 없어서, 존스턴 박사는 그들과 이곳을 한 바퀴 돌며 안내부터 해주었다. 기증받은 프랭크의 시체를 어떻게 해야 수많은 비탈과 덤불을 뚫고 운반할 수 있을지 정확히 계산하느라 두 사람의 표정이 혼란으로 일그러지는 것을 나는 볼 수 있었다. 나이 많은 크라우 쪽이 J박사에게 새로운 소식을 전했다. "그 사람 꽤나 몸집이 큰 친구예요."

사람들은 항상 곤란한 장소(안락의자, 욕조, 뒤뜰의 헛간, 매우 위험한 계단 꼭대기 등)에서 죽는다. 그런데 장례지도사들은 대개 시신을 그런 곤란한 장소에서 꺼내는 일을 하지, 곤란한 곳에 집어넣는 일을 하지는 않는다. 장의업에서는 시체를 혼돈에서 질서로 데려가는 것을 자랑스러워하지, 그 반대가 아니라는 얘기다.

나는 연장자 크라우에게 최근에 했던 시체 치우기 작업 중에 혹시 이번 건이 가장 이상한 작업은 아닌지 물어보았다.

그는 어깨 너머로 바라보더니 건조한 투로 내게 "그래요."라고만 답했다. 그걸로 끝이었다.

포리스트 기관의 다른 입주자들을 방해하지 않고 확실하게 밟을 수 있는 길을 제공하기 위해 경로를 계산했다. 백골이 되어 가는 이 험난한 여정을 방해하는 것은 대개 빗물과 작은 동물들이다. 포리스트에서는 조심하지 않으면 따로 돌아다니는 누군가의 뼈를 우연히 와드득 밟기 쉽다.

크라우 부자는 정문 쪽으로 들것을 끌고 갔다. 들것 위에는 프랭크가 든 청색 시체 가방이 놓여 있었다. 그 강렬한 청색은 노스캐롤라이나의 여름을 대표하는 연한 초록색, 갈색과 극명한 대조를 이루었다. 가방에 달린 시체 신원 표시 태그에는 '웨스턴 캐롤라이나 대학교—도시 죽음 프로젝트'라고 쓰여 있었다. 카트리나가 태그를 젖혀 자세히 읽어보았다. 그녀의 입가에 보일 듯 말 듯한 미소가 떠올랐다. 나중에 그녀가 말하기를, 그 이름이 인쇄된 걸 보니 이 프로젝트의 정당성이 확 느껴졌다고 했다.

아버지 크라우는 존스턴 박사와 이런저런 얘기를 나누었다. 놀랍게도 그가 물은 것은 "당신네 정신 나간 사람들은 여기까지 와서 대체 뭘 하고 있는 건지, 다시 한 번 말 좀 해보시오." 따위의 얘기가 아니었다. 벌써 얘기는 "그래서요, 질소를 더 빨리 배출하기 위해 알팔파를 쓰는 건가요?" 하고 묻는 데까지 이르렀다. 아버지 크라우는 그 자신이 시신을 퇴비로 만드는 데 관심이 있는 사람인지라 이 과정의 기술 문제에 대해 잘 알고 있었다. 자연장을 "우리의 고객은 결코 원치 않는 히피들의 미신"이라고 말하는 기업화된 장의업계에서, 좀 더 전통적인 장례지도사가 다소 급진적인 이 생각에 대해 뜻밖의 원군으로 자신을 소개하는 것을 보는 건 기쁜 일이었다.

카트리나 입장에서는 불행한 일이지만, 장의업계를 넘어서는 것만이 그녀의 유일한 도전은 아니었다. 인기 블로거(이자 백신 반대주의자이며 9·11 음모설을 믿고, 뉴저지주의 샌디 후크 총기 난사 사건에 대해 회의론자인) 마이크 애덤스는 페이스북에서 카트리나에 대해 글을 썼고 그 글은 약 1만 1000번이나 공유되었다. 애덤스는 이 재구성 프로젝트가 오로지 도시 사람들을 위한 먹거리를 재배하는 데에만 초점이 맞추어져 있다고 보았다. 신세계 질서는 인체로 만든 퇴비를 지속적으로 공급해 사람들의 식량으로 충당하는 것을 필요로 하므로, 그것은 확실히 "노인을 강제로 안락사시켜, 그 시체가 퇴비 만드는 기계 속으로 떨어지는 일"로 귀결될 거라고 했다. 애덤스는 이 프로젝트를 "정부가 대량 학살을 녹색으로 세탁하기 위해 사용할 것"이라고 주장했다.

시애틀에 사는 열렬한 환경보호주의자이며, 배우자와 두 자녀를 둔 카트리나를 안다면, 그녀가 대량 학살을 막후에서 지휘한다는 이 생각은 참 터무니없는 것처럼 보인다. 하지만 대중과 소통해야 할 이슈는 아직 남아 있다. 자기 몸이 땅에 영양을 공급하는 것은 운명이라고 믿는 사람이 있는가 하면, 카트리나의 계획이 더할 나위 없이 부패하고 타락한 사회를 반영한다고 생각하는 사람도 있는 것이다.

프랭크를 언덕 위로 올리기 위한 투쟁이 곧 시작되었다. 이는

다 같이 팀을 이루어 해야 하는 일이었는데, 시신의 발을 먼저 올릴 것인가 머리를 먼저 올릴 것인가 하는 장황한 논쟁이 먼저 시작되었다. 그러다 어느 순간 나는 위를 올려다보았고, 언덕 꼭대기에 높이 매달려 있는 한 해골이 우리 산 자들을 한심하다는 듯 내려다보는 것을 보았다.

프랭크가 마침내 언덕 꼭대기에 도달하자(머리부터), 나뭇조각을 침대처럼 깔아둔 곳에 청색 시체 가방을 놓고 지퍼를 열었다. 키 크고 건장한 남자가 속옷과 양말 외에는 홀딱 벗은 채로 모습을 드러냈다. 우리는 프랭크를 오른쪽 옆구리 쪽으로 굴린 다음 시체 가방을 살살 빼냈고, 결국 그는 오갈 데 없는 나뭇조각 위의 남자가 되었다.

프랭크는 흰 염소수염과 어깨높이까지 내려오는 머리칼이 나 있었고 왼팔은 붕대에 감긴 채 우아하게 머리 뒤로 젖혀져 있었다. "나를 프랑스 소녀처럼 그려줘요."◎라고 하듯이. 웃통과 양팔에는 문신이 그득했다. 도마뱀, 뱀, 종교적 상징 등이 그려져 있었고, 가슴팍에는 티라노사우루스가 달리고 있었다. 문신의 잉크 때문에 숲 바닥에는 작렬하는 듯한 색채가 더해졌다.

학부생은 알팔파와 섞인 나뭇조각을 좀 더 모으러 언덕 아래로 내려갔고, 나는 카트리나와 오전 시간 중 처음으로 단둘이 남겨졌다.

◎ 영화 「타이타닉」에 나오는 대사. 여주인공이 화가인 남주인공 앞에서 포즈를 취하며 이 말을 건넨다.

카트리나는 프랭크를 가만히 내려다보았다. 눈가가 촉촉이 젖어 있었다. "이 사람은 자청해서 여기 온 거예요. 본인이 원해서 여기에 온 거라고요."

그녀는 잠시 멈춰 심호흡을 한 번하고 계속 말했다. "정말 감사할 따름이죠."

카트리나는 초록색 알팔파와 나뭇조각 한 줌 섞은 것을 집어 프랭크의 얼굴 위에 뿌렸다. 몸에서 얼굴이 제일 먼저 덮였다.

나도 그렇게 했다. 우리 둘은 알팔파와 나뭇조각 섞은 것으로 그의 목 아래와 양팔 주변을 덮어 그를 거의 감싸서 보이지 않게 했다. "우린 그에게 작은 둥지를 만들어주고 있어요! 편안해 보이네요." 카트리나가 말했다.

그녀가 멈추더니, 자책했다. "J박사는 우리가 이렇게 시체를 두고 감상적으로 굴길 원치 않을 텐데…… 그만하자, 카트리나."

나는 꼭 그런 것 같지는 않았다. 이날 좀 더 이른 시간에, 존스턴 박사는 내게 포리스트에 자기 시신을 기증한 80대 남성에 대한 이야기를 해주었다. 그가 죽은 다음 그의 아내와 딸은 시체를 가족 트럭에 싣고 운전하여 이 기관까지 왔다. 그들은 심지어 덤불 속에 그가 누울 자리까지 선정해도 좋다는 허락을 받았다. 불과 여섯 달 후, 그의 아내가 죽었다. 그녀는 자기 시체도 남편 곁에 놓아달라는 유언을 남겼다. 그 부탁을 존중하여 부부는 생전에 함께했듯 나란히 누워 흙으로 돌아갔다. 감상적인 사람이 아무도 없었다고 하기에는 좀 그렇지 않은가.

J박사는 이러한 태도가 잘못되었다고 생각하지 않는다. "나

는 시신 기증자들을 '아무개 씨'나 '아무개 여사'라고 부르는 게 좋아요. 진짜 이름으로 불러야죠. 그러지 않을 이유가 없잖아요. 죽었더라도 여전히 그 사람인데 말예요. 다른 기관 사람들은 나와 생각이 달라서, 그렇게 하는 건 직업적인 거리를 유지하는 태도가 아니라고 봐요. 난 그들과 생각이 완전히 달라요. 이렇게 불러야 시체들이 사람같이 느껴지죠. 이들 중 몇몇은 죽기 전에 나와 만나기도 했어요. 아는 사이라는 거죠. 그들도 사람이에요."

J박사 같은 접근 방식은 과학 기증 관례에서는 새 물결에 속한다. 이런 관점에서 보는 사람들은 시신 기증자도 사람이지, 익명의 시체가 아니라고 간주한다. 어니스트 탈라리코 주니어는 인디애나 의과대학 북서 캠퍼스의 부원장이다. 그가 있는 의대의 해부 실험실에는 젊은 학생들이 해부할 시체들이 공여되어 들어온다. 탈라리코가 처음 해부 프로그램을 시작했을 때, 그는 시신 기증자들을 오직 숫자나 별명으로만 부르며 익명의 살덩어리로 보는 사고방식이 불편하다는 걸 깨달았다.

탈라리코는 매년 1월에 이 프로그램의 시신 기증자 여섯 명을 위해 추모 행사를 열었다. 의대 1학년생들, 그리고 놀랍게도 시신 기증자의 가족들이 참석했다. 남편의 시체를 인디애나 대학교에 기증한 리타 보넬리는, 고인의 삶에 대해 좀 더 알고 싶다는 학생들의 편지를 받고 충격을 받았다. "그들은 사진까지 원했어요. 눈물이 나서 편지를 끝까지 읽기가 힘들었어요."

가족들의 참여는 선택 사항이지만, 이 덕에 학생들은 현대 의사가 거의 대처할 수 없는 일, 즉 죽음에 대해 가족들과 정직하게 대화하는 일을 할 수 있게 된다. 학생들은 심지어 시신 기증자를 '첫 환자'라고 부르기까지 한다. 《월스트리트저널》에 실린 프로그램 소개에서 의대 1학년생인 라니아 카우키스는 "시체를 숫자로 생각하는 게 더 쉽겠지만, 그것이 좋은 의사가 되는 길은 아니다."라고 설명한다.

이렇게 전망이 밝아지자, 나는 J박사에게 만약 죽음으로 속세의 번뇌를 벗는 날이 온다면 자기 시체도 포리스트에 기증하겠느냐고 물어보았다. 답은 원칙적으로 '그렇다'였다. 하지만 학생들을 생각하면 걱정이라고 했다. 시신 기증자의 개인사를 알고 시체를 '아무개 여사'라고 부르는 것까지는 괜찮다. 그렇지만 자기를 가르치던 교수가 부패해가는 것을 두 눈으로 지켜보는 건 또 다른 일이다. 하지만 J박사의 진짜 장벽은 그녀의 어머니였다. 제대로 된 장례란 교회에서 밤새워 시신을 지키는 것이라고 생각하는 세대인 J박사의 어머니는 부패 연구 기관이라는 것에 전적으로 반대했다. 어머니가 살아 계시고 이 생각을 불편해하신다면 J박사는 자기 시체를 기증하지 않을 터였다.

그러나 최근에 J박사 어머니는 사후에 자기 시신을 어떻게 하고 싶은지 곰곰이 생각하더니 말했다. "난 왜 우리가 화장이나 매장 같은 복잡한 절차를 거쳐야 하는지 모르겠다. 바로 숲으로 가져가서 자연적으로 부패하게 놔두면 안 되니?"

"엄마?" J박사가 대답했다.

"응, 왜?"

"그게 바로 내가 하는 일이라는 거 아시죠? 포리스트라는 기관이 그런 곳이에요. 숲속에서 시신이 부패해갈 자리를 만드는 바로 그곳 말이에요."

프랭크를 덮은 나뭇조각 더미는 이제 약 1미터 높이가 되었다. 그것은 바이킹족의 고분처럼 보였다. 금발의 건장한 학부생이 무덤 아래쪽 절반에 망치질로 철조망을 둘러서, 혼합물이 빠져나가 언덕 아래로 굴러 내려가지 않도록 해두었다.(제발 그런 일이 없기를 바라요, 프랭크!) 이는 재구성 과정이 도심 속에서 최종적으로 구현될 모습과는 굉장히 거리가 있었다. 하지만 새와 매미가 울어대고 어룽어룽한 햇빛이 나무들 사이로 비치니 나는 여기가 사람이 썩어갈 완벽한 장소라는 생각이 들었다.

땀과 나무 먼지에 뒤덮인 자원봉사자들이 시체 우리에 다시 들어갔다. 이번에 그들은 '타이디 캣츠◎'통에 물을 담아 언덕 위로 길어오고 있었다. 나뭇조각 혼합물에 미생물과 박테리아가 들어오게 하기 위해 축축한 상태를 만들려고 물 약 45리터를 둔덕에 가져다 부었다. 이 과정을 자료로 만들려고 사진도 찍었는데, 누군가 타이디 캣츠 라벨을 떼는 게 어떠냐고 했다. 그래야 '인간 퇴비화! 고양이 배변용 모래의 대표, 타이디 캣츠가 함께 합니다!' 하는 광고처럼 보이지 않을 테니 말이다. 타이디 캣츠도 인간 재구성 프로젝트도, 그 어느 쪽도 즐기지 않을 연상 작용이다.

둔덕 꼭대기에 물을 부을 때, 카트리나는 재구성 과정 중의

◎ 미국의 고양이 화장실용 모래 브랜드. 플라스틱 통에 제품이 담겨 나오는 것으로 유명하다.

이 부분을 마치 미래의 의례처럼 유심히 바라보았다. 현대의 화장장에서는 유가족들이 화장 과정에 개입하는 것에 무슨 과민증이라도 있는 것처럼 싫어한다. 카트리나는 도시 죽음 프로젝트 기관들이 그렇게 되지 않기를 바랐다. 그녀는 새로운 나뭇조각 위에 물을 붓는 것이 화장 장작에 불을 붙이는 것, 단추를 눌러 현대적 화장로를 가동하는 것, 또는 관 위에 흙을 삽으로 뿌려 덮는 것과 같은 강력한 의미를 가족에게 부여하길 바랐다. 우리가 프랭크를 묻은 둔덕에 물을 뿌리고 있으니, 이것이 마치 무슨 의식같이 느껴졌다. 그 행동은 프랭크를 위해, 어쩌면 사회를 위해서도, 뭔가를 시작하는 일 같았다.

시내의 스포츠 바에서 점심을 먹고(쾌활한 금발의 종업원에게 우리 몸이 톱밥으로 뒤덮여 있는 이유를 설명하지는 않았다.) 우리는 포리스트로 돌아왔다. 우리가 처음에 이 시설을 방문한 이유가 프랭크 때문만은 아니었으니 말이다. 준과 존 콤포스트의 문제도 아직 있었다. 이들은 처음에 자기 시신을 기증한 사람들이었다. 오늘 우리는 그들이 묻힌 둔덕을 파서 만약 뭔가 남아 있다면 어떤 상태인지 알아볼 예정이다.

다시 터덜터덜 걸어서 언덕 위로 올라가면서 J박사가 카트리나를 돌아보고 말했다. "아, 아까 잊어버리고 말 안 했는데, 시신 탐지견들이 우리 둔덕은 전혀 신경도 안 쓴대요." 카트리나의 얼굴이 환해졌다.

법인류학자로 일하는 동안 J박사는 수없는 실종자 사례, 특히 주위 산들의 울창한 숲을 중심으로 한 사례에 대해 상담해왔다. 공무원들이 죽은 사람의 위치를 특정하는 데 부딪치는 어려움을 직접 보고, J박사는 시신 탐지견을 데리고 다니는 수색구조 자원봉사자와 수사기관에 포리스트 시설을 개방했다. 야생의 자연 속에서 시체를 찾을 때와 비슷한 조건의, 실제 부패한 시신을 접할 수 있다는 것은 훈련 교관들에게 엄청난 혜택이었다. 포리스트 시설에서 일주일간 교육 과정을 마치고 돌아가는 교관들에게 J박사는 이른바 '더러운 흙'을 주었다. 이는 부패한 시체 밑에서 나온 흙으로, 교관들이 돌아가서도 계속 교육에 이용할 수 있는 흙을 말한다. "그분들이 흙이 담긴 유리병이나 부패한 흙이 묻은 옷 조각을 받고 얼마나 설레어했는지 봐야 했는데 말이죠. 마치 크리스마스 선물을 받은 것 같았다니까요." J박사는 오래된 크리스마스 캐롤 가사를 읊조리듯 말했다. "내 참사랑이 내게 주었지요. 두 마리 멧비둘기와 시체 밑에서 나온 흙 병을."

시신 탐지견이 퇴비 무덤을 신경도 안 쓰는 것이 뭐가 그렇게 대단한 일인 걸까? 탐지견은 후각을 이용하는데, 야외에 누워 있는 시체나 심지어 얕은 무덤에 묻힌 시체까지 냄새로 거뜬히 찾아낸다. 그러나 퇴비 만드는 더미 속에는 습기, 환기, 탄소, 질소가 균형을 이루어 냄새가 더미 안에만 갇힌다. 카트리나는 만약 조문과 의례의 장소여야 할 재구성 시설이 사람 썩는 악취를 풍긴다면, 대중이 시체를 처리하는 이 새로운 방법을 받아들이지 않을 것임을 잘 알고 있다. 시체가 묻힌 둔덕에 개들이 완전히 무관심하다면 이는 이 프로젝트의 미래에 대단히 좋은 소식이었다.

남성 시신 기증자 존 콤포스트를 먼저 파내기로 결정했다. 그는 3월에 죽은, 키 크고 건장한 60대 중반의 신사였다. 그 말은 그가 나뭇조각과 알팔파 더미 속에 5개월이나 있었다는 뜻이다. 언덕 꼭대기에 있었기 때문에 직사광선을 더 받았고 전체적으로 주변 온도도 더 높았다. 둔덕 전체는 은박지로 덮여 있었다.

커다란 금속 삽이나 가래로 둔덕을 바로 파 들어가면 그 안에 뭐가 있든 부서질 위험이 있을 것이다. 그래서 우리는 그 대신 작은 꽃삽과 무거운 플라스틱 써레를 썼다. 조심스럽게 더미 속을 파고 있자니, 꽃삽의 밝은 자주색과 노랑색 때문에 우리는 마치 소름 끼치는 모래성을 쌓아 올리는 아이들 같았다.

그러다 갑자기 뼈에 부딪혔다. 존스턴 박사가 들어서서 섬세한 솔로 흙을 털어내자 남자의 왼쪽 쇄골이 나왔다.

카트리나는 이것을 발견하고 크게 낙심했다. "거짓말 안 보태고, 나는 저기 아무것도 없었으면 했어요. 우리가 파고 또 파 들어가도…… 그저 흙만 있었으면 했지요."

J박사는 미소 지었다. "근데 있잖아요, 저는 사실 여기에 뭔가 있기를 바라기도 했어요."

"잠깐만요, 저희는 4~6주 만에 시신이 완전히 퇴비화되는 걸 목표로 삼고 있잖아요. 그런데 왜 저기에 뼈가 있었으면 한 거죠?" 내가 물었다.

카트리나가 끼어들었다. "J박사의 동기가 나랑 달랐으니까요. 박사님은 뼈가 필요하거든요."

비록 J박사가 카트리나의 프로젝트에 굉장히 열성적이라고는 하지만 박사 입장에서는 해골이 항상 부족했다. J박사가 웨스턴 캐롤라이나 대학교에서 운영하는 것처럼 법의학 자료를 모아둔 곳에서는 보유하고 있는 뼈가 터무니없이 부족하다. 진실을 찾는 데 도움이 되는 비교 분석을 하려면, 포괄하는 성별과 연령대 범위가 충분히 넓은 자료가 있어야 한다.

J박사는 시체가 분해되는 데 얼마나 걸리는지 이 둔덕을 통해 정확하게 알아낼 수 있다면, 기존 방식보다 훨씬 더 빨리 시신을 백골로 만들 수 있다고 믿는다. 기존 방식이란 시체를 바깥에 뉘어놓고 벌레, 짐승과 자연이 제 할 일을 해주길 마냥 기다리는 것을 말한다.

존 콤포스트가 처음으로 나뭇조각에 들어가던 날, 둔덕의 온도를 높이기 위해 생생한 초록색 알팔파 층을 시체 위에 뿌렸다. 그게 효과가 있었던 것 같다. 하지만 퇴비로 만드는 데는 습기도 한몫해야 하는데, 더미를 좀 더 치우자 알팔파 층이 시체에서 습기를 제거하는 기능도 했다는 것이 명백해졌다. 존 콤포스트는 한마디로 미라가 되어, 그 하얗고 종이 같은 살은 아직도 그의 장골릉과 대퇴골에 붙어 있었고, 나는 그 살들을 부드럽게 솔질해 털어주었다. 시신 퇴비화를 위한 혹독한 교훈 제1장. '알팔파 층을 너무 두껍게 쌓지 말 것.'

J박사는 그의 머리와 오른쪽 어깨 윗부분을 파내며 뭔가 흥미로운 것을 발견했다. 이건 알팔파에 파묻히지 않은 유일한 신체 부위였다. 세찬 봄비가 언덕 꼭대기에서 흘러 내려와서 은박지 밑으로 스며들어 이 부분을 적셨다. 여기서는 뼈들이 미라화

되기는커녕 깨끗하고 검었다. 살은 전혀 볼 수 없었다. 사실 가슴뼈부터는 스위스 치즈같이 뼈에 숭숭 구멍이 나기 시작했고, 뼈까지 부패해 있었다.

이런 희소식이 있긴 했지만, 존 콤포스트는 카트리나가 바랐던 대로 풍부하고 검은 흙으로는 전혀 변하지 않았다. 존은 다섯 달을 꼬박 둔덕 안에 갇혀 있었다. 그런데 미라가 된 채 아직도 그 안에서 노닥거리고 있었다. 다 큰 비육우 같은 가축을 퇴비로 만드는 데는 기계적으로 환기만 해주면 4주밖에 안 걸린다. 고깃간에서 나온 내장은 딱 5일이면 된다. 인간을 퇴비로 만드는 일은 아직도 갈 길이 멀다.

J박사는 당황하지 않았다. "매번 조금씩 배우는 거죠, 뭐." 그녀는 어깨를 으쓱하며 말하고 존을 다시 덮자는 신호를 보냈다.(문제의 알팔파 층을 해체하고 물을 더 붓고 나서 덮었다.)

포리스트에서 이루어진 실험들을 보면, 이탈리아의 해부학 교수 로도비코 브루네티가 1800년대 후반에 최초의 현대적 화장로를 만들기 위해 했던 시도가 생각난다. 브루네티의 방법론은 산업 시대에 매우 걸맞은 것이었는데, 토머스 라커가 "간소한 기술적 모더니즘"이라 칭한 것을 사용했다.

브루네티가 주관한 실험은 여러 번 실패했지만, 그 실험들은 "시신 역사상 새로운 시대가 열림"을 의미했다. 결국 오늘날 산업화된 화장로는 대부분의 선진국에서 시체를 처리하는 주된 방식이 되었으니 말이다.

브루네티가 화장한 최초의 시신은 벽돌 화로에 안치된 35세 여자의 시체였다. 이 실험이 성공적이지 않다고 하기는 힘든데, 화로가 어쨌든 여자의 시체를 2.5킬로그램 정도 되는 뼈 덩어리로 만들긴 했으니 말이다. 하지만 이 방법은 브루네티 교수가 만족하기에는 너무 오래(네 시간씩이나) 걸렸다.

브루네티는 시체를 부분 부분 잘라 화장하면 화장 과정이 단축될 거라고 생각했다. 두 번째 시신은 45세 먹은 남자였다. 똑같은 벽돌 화로에 세 개 층으로 나누어, 1층에는 팔다리, 2층에는 머리와 가슴, 골반, 3층에는 신체 기관과 기타 내장 등이 들어갔다. 실망스럽게도 이번에도 마찬가지로 화장을 마치는 데 네 시간이 걸렸다. 하지만 이번에는 남은 뼈들이 1.1킬로그램밖에 안 되었다.

카트리나는 이 전략을 고려해보았다. 여러 퇴비화 전문가들이 그녀에게 말했다. "정말 효율적으로 시신을 퇴비로 만들고 싶다면, 먼저 시체를 부분 부분으로 자르십시오." 전문가들의 불편한 조언은 거기서 그치지 않았다. 쌓인 더미에 동물 배설물로 만든 거름을 넣으라고 하는 사람도 있었고, 퇴비 만드는 일에 푹 빠진 어떤 사람은 이런 이메일도 보냈다. "친애하는 스페이드 씨, 전 당신의 프로젝트에 관심이 있습니다. 저는 병원에서 나오는 남는 오줌을 사용했더니, 퇴비 더미를 만들 때 굉장히 결과가 좋더라고요. 이 방식도 고려해보셨나요?"

"그 메일에 답장했어요?" 내가 물었다.

"병원 오줌은 공손히 거절해야 했어요. 오줌이 좋은 질소 공급원일까요? 맞아요. 그렇게 하면 빠를까요? 아마 그렇겠죠. 그런데 과연 내가 시신을 그 안에 넣을까요? 그건 아니죠."

브루네티는 죽은 사람을 토막토막 자른다는 생각에 구애받지 않고, 다음 실험을 진행했다. 그는 19세기에 전기를 얻기 위해 사용되던 물질인 석탄가스를 배출하는 화로에 여러 신체 부분들을 모아서 집어넣고, 더욱 뜨겁게 가보기로 결정했다. 이 화로는 먼저 것보다 몇백 도나 더 뜨거웠고 시간도 두 시간이나 더 들어, 총 여섯 시간이 들었다. 그러나 최종 결과물은 모든 유기물질이 다 없어지고 바싹 타버린 뼈였다. 인간을 인간답게 하는 DNA(물론 그 당시, 브루네티 교수는 이것이 뭔지 몰랐겠지만)를 포함해 모든 흔적이 사라졌다.

1884년에 쓴 논문에서 브루네티는 화장에 대해 이렇게 썼다.

> 그건 성스럽고 웅장한 특징을 지닌, 엄숙하고 훌륭한 순간이었다. 시신을 태우다 보면 언제나 내 안의 굉장히 강한 감정이 솟구친다. 시신의 모습이 아직 인간적인 한, 그리고 살이 타고 있는 한, 놀라움과 경탄이 우리를 압도한다. 모양이 사라지고 몸이 다 타버린 다음에는 슬픔이 엄습한다.

1873년경, 브루네티는 빈 세계 박람회에서 그 결과를 처음 보여주려 했다. 이탈리아 구역 54번 자리였던 그의 부스에는 실험 결과, 즉 갖가지 분해 상태에 있는 뼈와 살이 담긴 다양한 유리 정육면체들이 진열되어 있었다.

브루네티의 화장 기술은 부패 과정을 생략하고 시신을 바로 태워 무기물질로 만들 수 있음을 시사했다. 브루네티는 화장 과정을 산업화해 그것을 공장의 생산 공정처럼 효율적으로 빨리 처리하고 싶어 했다. 라커에 따르면, 현대의 화장은 브루네티가 보았듯이 "과학과 기술의 문제"였다. 그 메시지는 명확하다. 자연의 뜻대로 놓아두면 너무나도 엉성하고 무기력하여, 섭씨 1090도짜리 용광로가 단 몇 시간이면 해내는 일이 자연 상태에서는 몇 달씩이나 걸린다는 것이다. 빈 세계 박람회장에서 브루네티의 부스 표지판에는 "벌레에서 보호되고, 정화하는 불길로 소진된다."라고 라틴어로 쓰여 있다.

거의 150년이 지난 지금, 나와 카트리나 둘 다 불길만이 시신을 정화할 수 있다는 브루네티의 생각에 동의하지 않는다. 시인 월트 휘트먼은 흙과 대지가 사람의 "찌꺼기"를 받아들여 "매우 신성한 물질"로 탈바꿈시키는 위대한 존재라고 했다. 휘트먼은 이렇게 부패한 것, 나쁜 것, 병든 것을 다시 흡수하여 새롭고 깨끗한 생명을 낳을 수 있는 대지의 능력을 경이로워했다. 언젠가는 죽을 당신 형상의 "찌꺼기"를 가지고 좋은 일을 할 수 있을진대, 그 유기물을 기체나 불길로 훨훨 태워 없애버릴 이유가 없다.

J박사는 전자 기록 장치에서 나온 자료들을 컴퓨터에 업로드하기 위해 주차 구역에 쳐놓은 천막으로 다시 내려갔다. 그 기록 장치는 존 콤포스트가 둔덕 안에 있는 동안, 그의 시신이 경험한 급격한 온도 변화를 기록하려고 존의 가슴 위에 설치해둔 것이다. J박사가 내려가고 난 뒤, 카트리나와 나는 준 콤포스트를 묻은 두 번째 둔덕을 파헤치기 시작했다. 그 78세 할머니는 돌아가

실 무렵 병으로 수척해져 있었다. 할머니를 묻은 둔덕은 순전히 나뭇조각으로만 이루어져 있었고, 언덕 기슭 그늘 속에 아무것도 덮이지 않은 채 있었다.

더미를 깊이 파 들어가니 흙 속에 있던 애벌레 상태의 딱정벌레와 각종 유충이 드러났다. 더미 속의 흙은 풍부하고 까맸다. 퇴비는 흔히 '검은 황금'이라고 일컬어진다. 하지만 벌레가 있는 것이 이상적인 상태는 아니었다. 그건 아직도 더미 속에 영양분으로 쓰이는 뭔가가, 즉 여기 있는 벌레들을 살리는 먹이가 있다는 뜻이니까. 그때 나는 그리스식 요구르트처럼 물렁물렁해진(그리스 요구르트를 좋아하는 분들에게는 죄송!) 부패한 지방의 허옇고 진한 찌꺼기로 뒤덮인 준의 대퇴골에 닿았다. 좀 더 깊이 파헤치니 부패의 최종 단계에 이른 할머니 시신이, 거의 뼈만 남은 채로 발견되었다.

준 콤포스트의 문제는 존 콤포스트의 문제와 정반대였다. 습기는 충분했지만(그래서 이 할머니는 성공적으로 뼈만 남게 된 것이었다.), 질소가 부족해 뼈가 흙이 될 만큼 충분히 온도가 올라가지 않은 것이다.

존 콤포스트나 준 콤포스트나 둘 다 성공 사례는 되지 못했다. 하지만 이건 카트리나가 하는 실험의 시작일 뿐이었다. 앞으로 좀 더 많은 시체들이 퇴비가 되기 위해 포리스트로 올 터였다. 웨이크포리스트 대학교의 타냐 마쉬라는 법학 교수는 묘지 법을 공부하는 학생들에게 각 주의 법을 샅샅이 뒤져서 미국 50개 주 전체에서 재구성 시설을 합법화할 방도를 찾으라는 과제를 주었다. 웨스턴워싱턴 대학교의 토양 과학자이자 퇴비화 전문가인 린 카펜터 복스는 인간과 크기가 비슷한 동물(죽은 상태의 작은 암소, 큰 개, 털 깎은 양, 때에 따라서는 돼지 등)을 써서 실험을 시작할 것이다. 퇴비화 과정이 치아에 박아 넣은 수은 아말감에 어떤 영향을 주는지에 관한 연구가 이미 진행 중이다. 수은 아말감의 독성상, 시신을 화장하는 과정에서 그것이 공기 중에 퍼져 환경을 망친다는 것이 가장 큰 걱정 중 하나이다.

"린 교수가 지난번에 치아 연구에 관해 얘기하려고 전화했었어요." 카트리나가 말했다. "그러더니 '어젯밤에 내 무덤을 파고 거기서 잤다.'라고 아무렇지도 않게 얘기하더라고요. 그분은 정말 어마어마한 실천적 수피교◎도예요."

"이런, 자기 무덤을 파고 그 안에 들어가 잤다고요." 나는 대답했다.

"그래요, 죽음은 그분이 하는 수행의 일부인 거죠. 린 교수는 단지 가축의 퇴비화를 좋아하는 사람 그 이상이에요."

재구성 프로젝트에 종사하는 주요 전문가들이 여성 과학자, 인류학자, 변호사, 건축가라는 점을 눈여겨봄 직하다. 그들은 틀린 것을 바로잡는 데 헌신할 수 있는 특권을 가진 고학력 여성으로, 죽음의 현 체계를 바꾸기 위해 그들 경력의 상당 부분을 투자했다. 카트리나는 "사람들이 노화와 부패를 막는 데만 너무 초점을 맞추다 보니, 그것이 하나의 강박관념이 되어버렸어요. 여성

◎ 계율보다는 기도와 금욕을 중시하는 이슬람교의 한 종파.

으로 사회화되어온 사람들에게는 그 압박이 끈질기게 달라붙어요. 그러니 부패, 썩는다는 것이 과격한 행보가 되는 거예요. 이건 '나는 나 자신을 사랑하고 받아들인다.'라고 말하는 한 방법입니다."라고 지적했다.

난 이 점에서 카트리나의 생각에 동의한다. 여성의 몸은 생식기든, 섹슈얼리티든, 몸무게든, 옷 입는 방식이든 종종 남성의 시선 하에 놓인다. 몸이 엉망으로 일그러지고 혼돈스러워지고 야생의 것이 되어 해체되었을 때만 찾아지는 자유가 있다. 나는 앞으로 내 시신이 어떻게 될지 시각적으로 이미지를 그려보는 게 참 좋다.

20세기 초반에 시신 돌봄이 하나의 산업이 되었을 때, 죽은 사람을 누가 맡아 돌볼 것인가에 대해 커다란 지각변동이 있었다. 시신 돌보는 일이 여자들이 하던 본능적이고 원시적인 일에서 보수를 두둑이 받는 남자들이 하는 '직업'이자 '기술', 심지어 '과학'으로까지 바뀐 것이다. 신체적·감정적인 더러움을 포함해 시신에 대한 모든 것은 여자들 손에서 남자들 손으로 넘어갔다. 그리고 깨끗하고 청결해진 시신은 관에 담겨 결코 우리 손에 닿지 않을 저 높은 곳에 안치되었다.

아마 재구성 같은 과정은 우리 여자들이 시신을 다시 돌려받으려는 시도일 것이다. 어쩌면 우리 여자들은 버드나무, 장미 덤불과 소나무를 위한 토양이 되고 싶은 것인지도 모른다. 그 누구도 아닌 우리가 원하는 대로 죽고, 썩고, 새 생명을 키울 운명이고 싶은 것인지도.

알티마 장의사
스페인 바르셀로나

미국의 장의사는 수상쩍게도 생긴 게 하나같이 비슷하다. 20세기 중반의 나지막한 벽돌 건물, 벨벳 커튼이 드리워진 내부, 거기에 왠지 불편한 글레이드 방향제 향이 은은히 퍼진다.(이 냄새는 시체 준비실에서 흘러나오는 소독약 냄새를 가리기 위한 것이다.) 이와는 대조적으로, 바르셀로나의 알티마 장의사는 구글 본사와 사이언톨로지 교회를 섞어놓은 듯한 느낌이 든다. 이곳은 초현대적이면서도 미니멀하고, 꼭 사이비 종교 활동이 일어날 것처럼 생겼다. 이 3층짜리 건물은 바닥과 벽, 천장까지 모두 우아한 흰색 석조로 만들어졌다. 넓은 발코니로 나가면 정원을 내려다볼 수 있다. 주차장이 아니라 그야말로 정원이다. 한쪽 벽은 바닥에서 천장까지 온통 유리로 되어 있어, 이 도시의 파노라마가 산에서 바다까지 쫙 펼쳐진다. 에스프레소 바에 들러 무료 와이파이를 누려보자.

지중해의 햇빛이 유리창으로 흘러들어 하얀 바닥에 반사되었다. 이 빛이 너무 눈이 부셔서, 나는 알티마의 매력적이고 말쑥한 직원들과 대화하는 내내 사시가 된 듯 눈을 가느스름하게 뜰 수밖에 없었다. 직원 중에는 정장 차림의 늠름한 남자, 호셉도 있었다. 호셉은 알티마 장의사의 총괄 책임자이다.

알티마 장의사의 능률적인 여러 부서에는 호셉 말고도 63명이 근무하고 있다. 그들은 저마다 시체를 가지러 가고, 준비하고, 사망확인서를 정리하고, 가족들을 만나며 장의 서비스를 운영하고 있다. 알티마 장의사는 바르셀로나 사망자의 약 4분의 1을 다루는데, 시체를 하루에 거의 10~12구까지 처리한다. 유가족들은 매장과 화장 중 하나를 선택한다. 스페인은 가톨릭에 뿌리를 둔 덕분에 유럽의 다른 나라에 비해 화장을 도입하는 속도가 더 느렸다. 스페인 전역의 화장률은 35퍼센트이고, 바르셀로나 도심은 45퍼센트 가까이 된다.

바르셀로나의 죽음 의례를 이해하려면 유리를 이해해야 한다. 유리란 투명함이며, 죽음이라는 잔혹한 현실을 가리지 않은 채 대면한다는 의미이다. 또한 유리는 견고한 장벽을 의미하기도 한다. 유리는 가까이 다가가게 하기는 하지만, 저쪽에 있는 것과 직접 접촉하게 하지는 않는다.

알티마 장의사는 두 개의 널찍한 기도실과 스무 개의 가족실을 갖추고 있다. 가족은 이 중 한 방을 빌려서 고인과 하루를 보내는데, 아침에 일찍 와서 오후 10시에 문을 닫을 때까지 이곳에 머물 수 있다. 많은 유가족이 그렇게 한다. 중요한 것은, 그러는 내내 시체가 유리 저편에 놓여 있을 것이라는 점이다.

유가족과 사랑하는 고인 사이에 유리를 놓는 방식은 직접 선택할 수 있다. 스페인식 참관을 택한다면, 알티마 장의사는 관에 고인을 넣고 꽃으로 둘러싸 백화점 진열장과 유사한 넓은 판유리 한 장 뒤에 유가족이 사랑하는 고인을 전시할 것이다. 카탈루냐식을 선호한다면, 호셉과 그 팀이 『백설 공주』에 나오는 것처럼 생긴 전시 케이스에 열린 관을 넣어 방 한복판에 둘 것이다. 어느 방식을 택하든 알티마 장의사는 시체 주변 온도를 섭씨 0~6도로 유지할 수 있다.

무대 뒤에는 시체들이 나무 관에 담긴 채 주목받을 순간을 기다리는 긴 복도가 있었다. 『이상한 나라의 앨리스』에 나오는 것 같이 아주 작은 철제문들이 열리면, 알티마 장의사의 직원들이 시체를 전시 상태로 만들거나 유리 관에 밀어 넣을 수 있었다.

"유리로 만든 관이 왜 카탈루냐식인 거죠?" 내가 물었다.

내 말을 통역해주는 사람은 호르디 나달, 내 첫 책을 스페인에서 번역 출간한 출판사의 대표였다. 호르디는 그리스인 조르바 같은 인물로, 기회만 있으면 '카르페 디엠' 같은 명언을 남발하고, 상대방의 포도주 잔을 가득 채워주고 접시에 오징어와 파에야를 덜어주는 사람이었다.

"우리를 찾아오는 카탈루냐 유가족들은 고인과 좀 더 가까이 있고 싶어 하거든요."

이게 그 대답이었다.

"그래서 고인을 동물원에서 전시하듯 유리 저편에다 놓는단 말이에요? 도대체 시체가 무슨 말썽을 일으킨다고 그러는 거죠?" 내가 입 밖에 내지 않은 질문이다.

사실 나는 스페인에서 지내는 일주일 내내, 현대의 장의사들이 가족을 고인과 분리하는 방식에 대해 이 나라 언론과 대담을 했던 것이다. 알티마에서는 그 인터뷰 기사를 다 읽었다. 그들이 내게 방문을 허용한 것만 해도 기적이었고, 그들은 미국의 어떤 장의회사도 보여준 적 없는, 대안적 방식에 기꺼이 참여하겠다는 의지까지 보여주었다. 그러니 나는 내 운을 더 시험하고 싶지는 않았다.

그렇다고 긴장한 적이 전혀 없었다는 건 아니다. 한 직원은 나이 지긋한 신사였는데, 바르셀로나에서 보내는 시간을 즐기고 있기는 한 거냐고 내게 물었다.

"너무 멋져요. 떠나고 싶지 않아요. 여기 그냥 눌러앉아서 알티마 장의사에 일자리가 있으면 지원해야겠어요!" 나는 농담으로 말했다.

"당신 생각을 보아하니 우리가 당신을 뽑을 것 같지는 않은데요." 그도 농담으로 대답했지만, 어쩐지 그의 음성에는 날 선 구석이 있었다.

"스페인어에도 이런 말이 있나요? '친구는 가까이 두고 적은 더 가까이 두라.'는 말."

"아, 그럼요." 그가 눈썹을 치켜떴다. "우리는 그렇게 하지요."

내가 바르셀로나에서 말을 건넨 사람들은 (일반 시민이든 장의업계 종사자든 하나같이) 죽음의 과정이 얼마나 급해 보이는지에 대해 불평했다. 시체는 24시간 내에 속히 묻어야 한다고 모두가 느꼈지만, 왜 그런지 이유를 확실히 아는 사람은 없었다. 조문객들은 장례지도사로부터 조문을 얼른얼른 끝마쳐야 한다는 압박을 느꼈다. 한편 장례지도사는 그들대로, 가족들이 "일 처리를 24시간 내에 빨리, 빨리, 빨리하기를 원한다."라고 반박했다. 누구랄 것 없이 24시간이라는 다람쥐 쳇바퀴에 갇힌 것 같았다. 24시간에 대한 이론은, 스페인이 옛날에 이슬람교 국가였다는 것(이슬람교도는 시체를 사후에 재빨리 묻어야 한다.)부터 온난한 지중해성 기후라서 시체가 유럽 어느 곳보다도 빨리 부패한다는 것까지 다양했다.

20세기 이전에는 시신이 전염병과 질병을 퍼뜨리는 위험한 매개체라고 믿는 경우가 드물지 않았다. 이맘◎이기도 한 압둘리야릴 사지드 박사는 BBC에 출연해, 24시간 내에 사람을 매장하는 이슬람 전통은 "산 자를 혹시 모를 위생 문제에서 보호하는 한 방법"이었다고 설명했다. 유대 전통도 이와 비슷한 법칙을 따른다. 여러 문화에 공통적으로 형성된 이런 두려움 때문에, 선진세계는 시신과 가족 사이에 보호 벽을 쌓아 올리게 되었다. 미국, 뉴질랜드, 캐나다는 화학적으로 시체를 준비하는 방부처리를 하게 되었다. 이곳 바르셀로나에서는 시체를 유리 저편에 놓는다.

◎ 이슬람교 지도자.

이런 장벽을 없애려는 움직임은 더디게 일어나고 있다. 세계보건기구(WHO)같이 잘 알려진 국제기구에서 심지어 대량 사망 사건 이후에도 "보통 사람들이 믿는 것과는 반대로, 시신에 '전염성' 질병의 위험이 있다는 증거는 전혀 없다."라고 확실히 말했음에도 말이다.

미국 질병통제예방센터(CDC)에서는 "비록 부패하는 광경과 냄새는 불쾌하겠지만, 그렇다고 시신이 공중 보건에 해가 되는 것은 아니다."라고 좀 더 적나라하게 표현했다.

이를 유념하며 나는 이 장의사 주인인 호셉에게, 보호용 유리 상자 없이 가족이 시체를 집에 두게끔 허용하겠느냐고 물었다. 알티마에 그런 요청은 잘 들어오지 않는다고 말하기는 했지만, 호셉은 알티마에서 그것을 허용할 것이라고 약속했다. 직원들을 고인의 집으로 보내 "시체의 여러 구멍을 틀어막게" 함으로써 말이다.

우리는 화물용 엘리베이터를 타고 내려가 시체를 준비하는 구역에 들어섰다. 스페인에서는 시체들이 워낙 신속히 묘지나 화장장으로 보내지기에, 방부처리하는 경우가 드물다. 알티마에는 금속 탁자 두 개가 있는 방부처리실이 있긴 하지만, 완전한 방부처리를 하는 경우는 스페인 각지로 운구되거나 아예 해외로 나가는 시체들뿐이었다. 방부처리사가 되려면 장의학교 학위 실습 증명서까지 받아야 하는 미국과는 달리, 스페인에서는 모든 수련이 장의사 내에서 이루어진다. 알티마는 직원 교육을 위해 "다이애나 왕세자비를 방부처리한 사람까지" 프랑스에서 데려온다고 자랑한다.

시체 준비실에는 똑같이 생긴 두 할머니가 똑같은 가디건을 입고 목에 똑같은 십자가 목걸이를 두른 채 똑같은 관 속에 누워 있었다. 두 여직원이 첫 번째 할머니 위로 몸을 굽혀 드라이어로 시신의 머리를 말리고 있었다. 두 남직원은 두 번째 할머니 위로 몸을 구부리고 시신의 손과 얼굴에 크림을 듬뿍 바르고 있었다. 이 시체 두 구는 위층으로 올려지기 직전이었는데, 위층에 도착하면 유리 관에 담기거나 유리 벽 저편에 놓여 있게 된다.

나는 출판사 대표 호르디에게 이런 유리 벽 없이 시체를 본 적 있느냐고 물었다. 입담 좋은 사람의 전형인 그는 본 적은 없지만 지금 기꺼이 만날 준비가 되어 있다고 말했다. "이런 진실을 마주한다는 것은 항상 멋진 일이지요. 그걸 보면 한 인간으로서 마땅히 어떤 대우를 받아야 하는지 알게 될 것입니다. 인간에게 존엄성도 부여되고요."

호안은 동생 호셉보다 좀 더 머리가 희끗희끗했고, 용모는 둘이 판박이였다. 그는 알티마가 소유한 묘지 중 하나인 로케스 블란케스 공원묘지를 운영하고 있었다. 스페인의 모든 묘지는 공영이지만, 알티마 같은 사기업이 일정 기간 이를 운영하겠다는 계약을 할 수 있다. 전동 골프 카트가 윙윙 소리와 함께 언덕을 오르내리며, 불뚝 솟아 나온 묘와 납골당을 지나가고 있었다. 로케스 블란케스 묘지는 여느 미국 묘지와 비슷한 것이, 눈에 확 띄는 환한 색깔의 꽃들이 평평한 화강암 묘석 위에 놓여 있었다.

하지만 한 가지 점은 아주 달랐다. 호안은 무전을 쳐서 묘지 관리인을 우리가 있는 언덕 꼭대기까지 불러왔다. 그 꼭대기에는 무덤이 없고 눈에 잘 띄지 않는 작은 맨홀 뚜껑만 세 개가 있었다. 관리인은 몸을 숙여 맨홀의 무거운 자물쇠를 풀고, 쇠로 된 동그란 뚜껑을 뒤로 밀어냈다. 나는 그의 옆에 쪼그려 앉아 맨홀 속을 들여다보았다. 뚜껑 밑에는 구멍들이 비탈 쪽으로 깊게 파여 있었고, 그 속에는 뼈가 담긴 봉지와 화장 잔해 더미가 꼭대기까지 가득 차 있었다.

북미 사람이라면 유골 수백 개로 가득 찬 거대한 구덩이를 품고 있는 목가적 묘지라는 개념에 움찔할지도 모른다. 하지만 스페인 묘지에서는 흔한 일이었다.

로케스 블란케스 묘지에서 망자는 처음에 땅에 만든 무덤이나 납골당에 들어가는 것으로 시작한다. 그러나 망자는 그 공간을 아주 머물 집으로 구매한 것은 아니다. 그들이 생전에 아파트에 세 들어 살았던 것처럼 묘지에도 '임대'라는 제도가 있고, 그들이 무덤 속에 머물 시간은 제한되어 있다.

시체를 무덤에 안치하기 전에 가족들은 부패하는 기간으로 최소 5년은 잡고 임대해야 한다. 시신이 썩어 뼈만 남게 되면 그 뼈들은 이런 공동 구덩이의 다른 뼈들과 합쳐지고, 무덤 자리는 보다 최근에 죽은 망자의 차지가 된다. 유일한 예외가 방부처리한 시체들(다시 말하지만 스페인에서는 드문 경우)이다. 그런 시체들은 썩는 데 20년 이상 걸린다. 호안의 직원들은 정기적으로 방부처리된 시체들을 들여다보며 말한다. "오, 그래, 친구들. 아직 덜 되었어!" 시신은 공동의 뼈 클럽에 합류할 준비가 될 때까지 무덤이나 납골함 속에 임시로 머물러야 한다.

이런 식으로 무덤을 '재활용'하는 것이 스페인에서만 일어나는 일은 아니다. 이런 관행은 유럽 대부분에 퍼져 있는데, 무덤을 영원히 머물 집으로 보는 대부분의 북미 사람은 이를 보고 새삼 당황스러워한다. 스페인 남부의 세비야에는 묘지로 쓸 땅이 거의 없다. 이곳의 화장률은 80퍼센트에 달한다.(스페인 치고는 아주 높은 수치이다.) 왜냐하면 60~80유로만 내면 화장을 할 수 있게, 정부에서 비용을 낮춰주었기 때문이다. 그러니 이왕 죽으려면 세비야에서 죽는 것이 경제적인 면에서 볼 때 현명하다.

베를린의 독일 가정들은 보통 무덤을 20~30년간 빌린다. 최근 들어, 묘지로 쓸 땅은 망자뿐 아니라 산 사람에게도 중요한 부동산이 되었다. 많은 사람들이 화장을 선택함에 따라, 오래된 묘지들은 공원이나 공동 정원, 심지어 어린이 놀이터로도 전용되고 있다. 이는 받아들이기 쉽지 않은 변화이다. 묘지란 문화, 역사 그리고 공동체의 가치를 지닌 아름다운 공간이다. 그리고 같은 이유로, 묘지는 위대한 문화적 잠재력과 복원적 잠재력을 가지고 있다. 미국 공영 라디오 방송 퍼블릭라디오인터내셔널에서 이렇게 말하듯이 말이다.

> 그리하여 베를린의 묘지에서는 비석들이 거의 다 치워지고, 이제는 시리아 난민들이 토마토, 양파, 박하를 키우는 작은 텃밭을 포함해 공동체의 정원으로 자리 잡았습니다. 묘지 입구에

> 있는 오래된, 비석 새기는 사람의 작업장이었던 곳은 현재 난민들의 독일어 수업 장소로 쓰입니다. "이곳은 버려진 무덤이었지만 이제는 가능한 한 최고의 방법으로 사람을 먹여살리는 정원이 되었습니다."라고 공동체 프로젝트의 책임자인 페테웨이 타레켄이 말했습니다.

로케스 블란케스 묘지에서는 단순히 망자를 파묻는 일 이상을 하려고 한다. 그들은 친환경에 앞장선 덕분에 상을 받기도 했다. 회사 소유의 자동차 군단은 바르셀로나 디자인 학교 학생이 디자인한 은빛 벌레 모양의 영구차까지 포함해, 모두 다 전동식이다. 약 10만 제곱미터의 부지에 다람쥐 서식지도 있고 멧돼지도 있고 박쥐가 사는 특별한 집도 있다. 이 박쥐들은 흰줄숲모기의 위험한 침범을 막기 위해 기르는 것들이다. 비록 로케스 블란케스가 감히 묘지에 박쥐, 흡혈귀, 사악한 좀비를 끌어들였다는 언론의 악평을 듣기는 했지만 말이다!

이러한 결단이 친환경적으로 들리기는 하지만, 그렇다고 로케스 블란케스가 자연 묘지인 것은 아니다. 망자는 목관에 담겨 화강암으로 된 지하 묘지에 두 명, 세 명 혹은 여섯 명씩 줄지어 포개져서 묻힌다. 이를 보는 사람은 갸우뚱하게 된다. 왜 시체를 화강암 없이 직접 흙 속에 넣지 않을까? 그렇게 하면 뼈가 완전 분해되어, 공동 무덤 공간도 필요 없고, 땅도 더 확보될 텐데 말이다. "우리 스페인에서는 그렇게 하지 않아요."라고 호안은 말했다.

호안은 자기가 죽은 다음 화장하기로 결정했지만, 그 선택에 모순이 있다는 걸 깨달은 듯했다. “아기 하나를 만드는 데는 아홉 달이 걸리지만, 시체는 산업적 화장 과정을 통해 너무 쉽게 없어지죠.” 그는 잠시 생각했다. “시체가 해체되는 데도 태어날 때와 똑같이 아홉 달이 걸려야 해요.” 나는 호르디에게 속삭였다. “저분이 아마 자연장을 원하나 봐요!”

스페인은 사후에 대한 개념을 ‘거의’ 친환경적으로 구성하는 데 능하다. 우리는 묘지를 한 바퀴 둘러보는 중에 숲을 지나쳤다. 물론 지중해와 이 지역에 자생하는 나무로 이뤄진 숲이다. 로케스 블란케스에서는 나무 한 그루를 심고 그 주위에 가족들의 재 다섯 함을 묻어, 그야말로 그 나무를 ‘가족 나무’로 만든다. 그들은 스페인 최초로 이런 선택권을 주는 묘지이다.

로케스 블란케스의 가족 나무는 바르셀로나에 있는 한 디자인 회사가 만들어 널리 인기를 얻은 생물 분해성 유골 단지 ‘바이오스 언’과 비슷하다. 여러분은 아마 SNS에 이 유골 단지의 광고가 떠다니는 것을 본 적이 있을 것이다. 바이오스 언은 커다란 맥도널드 컵처럼 생겼는데, 그 안에는 흙과 나무씨가 들어 있고 화장한 유해가 들어갈 자리가 있다. 바이오스 언에 관한 가장 인기 있는 기사 중 하나는 “이 놀라운 유골 단지로 말미암아, 당신은 죽어서 나무 한 그루가 될 것입니다!”이다.

참 좋은 생각이고, 실제로 제공된 흙에서 나무가 자랄 수도 있지만, 섭씨 980도가 넘는 화장 과정을 마치고 남은 뼈들은 무기물인 단순 탄소가 되어버린다. 유기적인 모든 것이(DNA 포함) 타버려 미생물이 남아 있지 않은 재는 이미 식물이나 나무에 아무런 쓸모가 없다. 물론 영양소가 약간 남아 있기는 하지만, 그 배합은 식물에 전혀 적합하지 않고, 생태적 순환에도 기여할 수 없다. 바이오스 언 회사는 유골 단지 하나에 145달러를 받는다. 바이오스 언이 가지는 상징성은 참 아름답다. 하지만 상징적이라 하여 사람이 나무의 일부가 되는 것은 아니다.

로케스 블란케스 묘지에는 화장로가 두 대 있어 매년 2600명을 화장한다. 나는 화장로를 보기 위해 들어갔다가, 정장을 입은 두 남자가 십자가가 그려진 연한 색 목관 옆에 선 채 예열된 화장로 밖에서 두 손을 모으고 기다리는 것을 보고 놀랐다. "오, 기다리고 계셨군요. 훌륭해요! 고마워요!" 나는 화장을 참관하는 거라면 항상 설렜다. 얼마나 많은 화장을 감독하고 수행했든 간에, 화장은 볼 때마다 새롭다. 불에 타서 다른 것으로 변하기 직전의 순간에 놓인 시신을 마주하는 것은 강렬한 경험이다.

호안은 우리에게 화장하는 방을 잠시 보여주며, 참관 화장에 쓰이는 15년 된 화장로도 보여주었다. 화장하는 방은 미국에 있는 공업용 창고같이 생긴 방들에 비하면 훨씬 멋있었다. "벽은 이탈리아산 대리석이고, 바닥은 브라질산 화강암으로 되어 있죠." 라고 그는 설명했다.

"유가족 중의 60퍼센트는 참관 화장을 하러 오죠." 호안이 알려주었다. 이 대목에서 나는 놀라 자빠져서 하마터면 반들반들한 화강암 바닥에 턱을 찧을 뻔했다.

"죄송합니다만, 60퍼센트라고요?" 나는 깜짝 놀랐다.

그건 엄청난 숫자였다. 가족들이 화장 참관의 선택권이 있는

지 없는지조차 모르는 경우가 허다한 미국에 비하면 훨씬 높은 수치였다.

화장을 시작하기 전에, 호안은 우리를 방 바깥으로 데려갔다. 뒤에는(놀랄 준비하시라.) 바닥부터 천장까지 유리창 세 개가 쭉 이어져 있었다. 장의사에서 우리를 시체와 분리했던 그 세 개의 유리창과 똑같았다. "왜 화장에 유리를 쓰죠?" 나는 호안에게 물었다.

"유리를 통하면, 각도상 화장로 속의 불길을 온전히 들여다볼 수가 없거든요."

정말이었다. 아무리 애써도 불을 완전히 볼 수가 없었고, 화장로의 가장자리만 보였다. 두 남자가 관을 벽돌 무늬 화장로 안으로 밀어 넣었다. 무거운 철제문이 내려와 쾅 닫히자, 세련된 목재 문으로 화장로 정면을 가로질러 밀어 닫아 화장로의 산업적인 정면을 감추었다.

바르셀로나는 '거의'의 땅이었다. 그곳 사람들은 환경을 보호하는 묘지, 동물 보호 구역, 그리고 자생하는 나무의 생장을 위해 솔선수범하고 있었다. 시체들은 방부처리를 거치지 않고 나무관에 담겨 매장된다. '거의' 녹색 매장이라 할 수 있다. 관을 땅속에 안치하려면 성채같이 단단한 화강암 함 속에 넣어야 한다는 것만 빼면 그렇다. 그들은 유가족의 60퍼센트가 참석하는 참관화장을 하고, 유가족은 사랑하는 고인과 더불어 온종일 장의사에 머물 수도 있다. 이는 죽음과 가족의 소통에 관해 '거의' 모범이 되는 것 같지만, 여기에는 가족이 참관하고 화장할 때 시체를 박물관의 전시품처럼 꾸며 가족과 시신을 분리하는 유리가 있다.

유리를 쓰는 것에 대해 나만 잘난 척하며 흠을 잡고 싶지만 그럴 수 없었다. 그 이유는 간단했다. 알티마 장의사는 대리석과 유리를 통해 미국에서 그 무엇보다 필요로 하는 것을 제공했다. 바로 장례를 '보러 오는 것'이다. 여기는 사람들이 죽음을 '보러' 온다. 그리고 시신 가까이에 앉아 온종일 그 과정을 지켜본다. 알티마에서는 화장을 보러 오는 사람의 비율이 60퍼센트나 된다. 아마도 유리 벽이 보조 장치 역할을 하는 것 같다. 죽음을 경계하는 사람들이 죽음에 가까이 오게는 하지만 너무 가깝지는 않게 해주는 보조 장치 말이다.

화장 과정에는 90분 가까운 시간이 걸리곤 한다. 호안은 출판사 사장 호르디를 화장로 뒤쪽으로 데리고 갔다. 거기는 가족들이 오지 않는 곳이다. 불길을 막는 금속성 창을 밀어 활짝 열어젖히고, 그는 우리에게 화장로 안쪽을 들여다보게 했다. 화장로 천장에서 불길이 폭발하듯 활활 쏟아져 내려와 관 위쪽을 삼켜버렸다. 호르디 차례가 되어 안을 들여다보자 그의 두 눈이 휘둥그레지고, 그 눈동자에 불길이 그대로 비쳐 보였다.

바르셀로나를 한 바퀴 돌며 날 구경시켜준 수고에 대한 보상으로, 가엾은 호르디는 망자와 이렇듯 여러 차례 가까이 대면할 수 있었다. 바르셀로나 시내에서 열네 가지쯤 되는 음식이 나오는 정식 코스 요리를 먹으며, 오늘 하루 어땠느냐고 그에게 물었다. 그는 생각해보더니 이렇게 대답했다. "공과금을 낼 때가 되면 돈을 내야 하지요. 회사에서는 내가 돈을 내고요. 여기 식당에서도 먹었으면 돈을 내야 해요. 우리 감정도 마찬가지예요. 설혹 죽음이 두렵다는 감정이 들더라도, 그 느낌을 그냥 느낄 수밖에요. 청구서가 날아오면 지불해야 하는 거죠. 살아 있다는 건 그런 겁니다."

고쓰아게부터 라스텔까지
일본 도쿄

일본 후지TV에서 아침 방송 「도쿠다네!」가 나오다가 광고로 넘어간다. 포도색 정장을 입은 여자들이 맥박처럼 뛰는 전자 비트에 맞추어 춤을 추고 있다. 흥이 난 바니걸스들이 놀란 남자의 머리에 부분 가발을 씌워준다. 다시 「도쿠다네!」 방송으로 돌아오자 진행자들이 다음 편을 보여주었다. 영상은 흰옷을 입은 승려들이 사찰에서 기도하는 모습으로 시작되었다. 꽃과 향이 꽂혀 있었고, 스님이 장례를 주도하는 것 같았다.

사찰은 슬픔에 휩싸인 조문객으로 가득했다. 화면이 바뀌더니, 제단과 함께 이 슬픔의 근원인 열아홉 마리의 로봇 개를 비춰주었다. 카메라가 로봇 개들의 부서진 발과 떨어져나간 꼬리를 확

대해 보여주었다. 나는 호텔 조식 뷔페에서 하트 모양의 달걀 프라이를 먹으면서 이 방송을 시청했다.

전자제품 분야의 대기업 소니는 1999년에 '아이보(일본어로 동반자라는 뜻)'를 출시했다. 한 마리당 몸무게가 약 1.6킬로그램 나가는 이 로봇 개에게는 주인이 명령하는 대로 배우고 대답하는 능력이 있었다. 사랑스럽고 매력적인 아이보들은 짖기도 하고 앉기도 하고 오줌 누는 시늉도 했다. 로봇 강아지의 주인들은 이 강아지가 외로움을 달래고 건강을 살피는 데 도움이 되었다고 주장했다. 소니는 2006년에 아이보 생산을 중단했지만, 수리는 계속 해주겠다고 약속했다. 그러다가 2014년이 되자 수리도 중단했다. 어림잡아 15만 개로 추산되는 아이보가 팔렸는데, 그 주인들은 '태어난 모든 것은 죽는다.'는 혹독한 교훈을 얻게 되었다. 로봇 개들을 위한 사설 수리점과 슬퍼하는 주인을 위한 온라인 게시판이 갑자기 생겨나더니, 종국에는 더 이상 수리할 수 없는 비극을 맞은 아이보를 위한 장례식을 열기까지 이르렀다.

「도쿠다네!」의 아이보 장례식 편이 끝나자, 하트 모양 계란 프라이를 잔뜩 먹은 나는 통역가 에밀리(아야코) 사토를 만나기 위해 도쿄로 향했다. 그녀는 시부야 전철역에 있는 하치코 동상 앞에서 만나자고 했다. 일본의 국민적 영웅으로 추앙받는 하치코는 (진짜) 개다. 1930년대에 농업 과목 교사였던 주인의 퇴근 시간에 맞춰 매일 이 역으로 마중을 나오곤 했다. 어느 날, 그 교사는 하치코가 있는 곳으로 오지 않았다. 뇌출혈로 죽은 것이다. 그런데도 하치코는 단념하지 않고 9년 동안 매일같이 이 역으로 왔고, 자기가 죽고 나서야 이 의식을 멈추었다. 문화를 막론하고 사람들이 동의하는 확실한 지점이 있었으니, 그것은 바로 헌신적인 개는 누구에게나 존중받는다는 사실이다.

내가 도착하니 사토 씨가 그 자리에서 기다리고 있었다. 딱 마흔이 되어 보이는(그보다 단 하루도 더 먹었을 것 같지 않은) 중년 여성이었다. 그녀는 강렬한 바지 정장에 걷기 편한 실용적인 구두를 신고 있었다. "제 건강 비결은 하루에 1만 보씩 걷는 거랍니다." 우리가 시부야역에서 미궁같이 구불구불한 길을 걸어 내려갈 때, 나는 도쿄의 잘 차려입은 시민들에게 휩쓸려 그녀를 여러 번 잃어버렸다. "관광객 무리를 이끄는 안내자가 들고 다니는 그 깃발이라도 들고 다녀야겠어요. 당신만을 위해, 두개골이 그려진 깃발을 말이에요." 그녀는 활짝 웃었다.

개찰구를 두 번 지나고 계단을 세 번 지나고, 에스컬레이터를 네 번 갈아타고서야 우리는 승강장에 도착했다. "이 밑에 내려오면, 지진이 나도 안전하답니다." 사토 씨가 말했다. 이는 그냥 하는 말이 아니었다. 바로 그날 인근 해역에서 진도 6.8의 지진이 있었다. 2011년 지진과 그 여파로 일본 동북부를 강타하고 1만 5000명의 목숨을 앗아간 쓰나미의 심리적 충격에 대해 언급하지 않고서는 도쿄에서 누구와도 대화할 수 없었다.

지하철 승강장에는 승객들을 선로와 분리하는 스크린도어가 있었다. "이런 스크린도어는 새로 설치된 것들이에요." 사토 씨가 설명했다. "저것들을 설치한 이유 중 하나는" 그녀는 이 대목에서 목소리를 낮추었다. "바로 자살이에요." 일본은 선진 세계에서 자살률이 가장 높은 나라 중 하나이다. 사토 씨는 이어서 말했다. "유감스럽게도 철도 직원들은 지하철 자살의 잔재를 청소하는 데 아주 능숙해졌어요. 흩어진 신체 부위를 줍는다거나 하는 그런 것 말이죠."

유대교적 기독교의 관점, 즉 서구의 지배적인 관점에서 보자면 자살로 죽는다는 것은 죄스럽고 이기적인 행위이다. 자살의 근본 원인이 진단 가능한 정신질환이나 약물 남용에 있다는 것을 과학이 명확히 밝혔음에도, 이러한 인식은 좀처럼 사라지지 않고 있다.('죄악'은 정신질환 진단 및 통계 편람인 DSM-5의 기준에 부합하지 않는다.)

일본에서 자살이 갖는 문화적 의미는 다르다. 자살은 자기를 버린, 심지어 영예로운 행위로 보이기까지 한다. 사무라이는 '할복'이라는 행위를 도입했다. 이는 글자 그대로 '배를 가르는 것'으로 적에게 포로가 되지 않으려고 자기 배를 칼로 가르는 행위를 말한다. 일본에서는 제2차 세계대전 당시 약 4000명이 자기가 탄 전투기를 미사일로 바꿔 적군의 배에 부딪쳐 폭발하게 하는 가미카제 특공대가 되어 죽었다. 출처가 불분명하지만 유명한 전설에 따르면, 일본에는 '우바스테'라는 풍습이 있다고 한다. 기근이 들면 할머니들은 아들의 등에 업혀 가서 숲속에 버려진다. 할머니들은 마지막까지 순종적으로 가만히 있다가, 저체온증이나 굶주림으로 사망한다.

외부인들은 일본인들이 자살을 낭만적으로 미화하는 '자살 문화'가 있다고 말한다. 하지만 현실은 더 복잡하다. 자살을 이타적으로 보는 견해는, 죽음 그 자체에 매혹된 것이라기보다는 짐이 되고 싶지 않다는 마음에 더 가깝다. 더 나아가 "외국 학자들은 자살 통계 수치를 볼 수는 있지만, 자살이라는 현상을 이해하지는 못한다."라고 작가 켄시로 오하라는 말한다. "오직 일본인만이 일본인의 자살을 이해할 수 있다."는 것이다.

일본에서 죽음을 관찰하는 것은 마치 거울을 통해 들여다보는 것처럼, 모든 것이 익숙한 동시에 어딘가 왜곡된 느낌이었다. 미국과 마찬가지로 일본도 장례와 묘지가 하나의 커다란 산업을 이루고 있다. 서구와 일본 모두 대형 장의업체들이 상당한 위치를 점유하고 있다. 그리고 이 업체들의 티끌 하나 없이 깨끗한 사업장에는 전문 장의업 종사자들이 근무하고 있다. 이것이 이야기의 전부라면 내가 굳이 일본을 방문할 의미가 없었을 것이다. 하지만 이게 이야기의 전부는 아니다.

도쿄의 어느 한적한 골목 깊은 곳에 자리한 고코쿠지 사원은 17세기 건물로, 소박한 묘지와 해묵은 비석들이 있는 곳이다. 이 비석에는 여기에 와서 참배하고 가는 가족들의 가계도가 적혀 있다. 돌길 위에는 검정과 흰색이 섞인 고양이 한 마리가 앉아 있었다. 현대적인 도쿄를 벗어나 미야자키 하야오 감독의 영화 속으로 들어간 듯하다. 야지마 주지 스님이 나타나더니 우리를 반겨주었다. 그는 바싹 깎은 흰 머리에 안경을 끼고 갈색 승복을 입은 온화한 남자였다.

고풍스러운 주위 환경과 대조적으로, 야지마 스님은 새로운 아이디어가 풍부한 사람이었다. 특히 화장 후 남은 유해를 기리는 방법에 대해 곧잘 아이디어를 내었다.(그는 나와 비슷한 종류의 사람이다.) 미국의 장례지도사들은 나라 전체에 '화장 문화'가 퍼지면 어쩌나 두려워했다. 그렇게 되면 방부처리와 관 판매에서 얻는 이윤이 적어지기 때문이다. 사실 우리는 획일화된 '화장 문화'가 무엇인지도 모른다. 하지만 일본 사람들은 안다. 일본인들의 화장률은 99.9퍼센트로, 세계에서 화장률이 가장 높다. 그에 근접한 국가조차 없다.(대만은 93퍼센트, 스위스 85퍼센트.)

일본 왕과 왕비는 예외적으로 전신 매장을 선택해왔다. 하지만 몇 년 전에 아키히토 일왕과 그 부인 미치코 비는 사후에 화장되겠다는 뜻을 발표하여 400년간의 왕실 매장 전통을 깼다.

고코쿠지 사원이 포화 상태에 이르렀을 때, 야지마 스님은 옛날식 묘지 공간에 투자를 할 수도 있었다. 그 대신, 7년 전 그는 루리덴 납골당을 건립했다.(이 납골당은 화장 후 남은 유해를 보관하는 곳으로, 절과는 별도로 지어진 건물이다.) "불교는 항상 첨단 기술을 도입해왔지요."라고 그는 설명했다. "불교와 현대 기술이 같이 가는 것은 상당히 자연스럽지요. 둘 사이에는 전혀 모순이 없어요." 스님은 최신 육각형 건물의 문을 열어 내부를 보여주었다.

우리가 어둠 속에 서 있는 사이, 야지마 스님은 입구에서 키패드에 뭔가를 두드리고 있었다. 그러자 잠시 후, 바닥에서 천장까지 가득한 2000개의 불상이 빛을 발하며, 리듬에 맞춰 생생한 파란색으로 빛나기 시작했다. "와!" 사토 씨와 나는 놀랍고 기뻐서 이구동성으로 탄성을 질렀다. 루리덴을 사진으로는 많이 보았지만, 360도로 빛을 발하는 불상들에 사방으로 둘러싸여 있는 것은 압도적인 경험이었다.

야지마 스님이 잠긴 문을 열자, 불상으로 이뤄진 벽 뒤에 감춰둔 유해 600세트가 보였다. "이름만 대면 쉽게 찾을 수 있도록 '구보타 씨' 이런 식으로 표시를 해놓은 겁니다." 그는 미소 지었다. 화장하고 남은 각각의 유해는 벽에 있는 수정으로 된 불상 하나하나에 해당했다.

가족 구성원이 루리덴을 찾아오면 입구에서 고인의 이름을 타이핑하거나 칩이 든 스마트카드(도쿄 지하철에서 쓰이는 카드와 똑같이 생긴 카드)를 갖다 댄다. 이렇게 하면 벽면에 환한 백색으로 빛나는 불상 하나만 제외하고, 온통 청색 불이 들어온다. 돌아가신 어머니를 찾기 위해 눈을 가늘게 뜨고 여러 이름을 뒤질 필요가 없다. 흰 불빛을 따라가면 바로 어머니에게 닿을 수 있다.

"이 모든 것은 발전합니다." 야지마 스님은 말했다. "예컨대 처음에는 찾는 가족의 이름을 입력하는 터치패드로 시작했지요. 어느 날 나는 아주 연로한 할머니가 거기에 이름을 입력하느라 힘들게 애쓰는 걸 보았지요. 그래서 그때 스마트카드로 바꾼 거예요. 카드만 대면 즉시 고인을 찾을 수 있거든요!"

야지마는 키패드 통제 장치로 돌아서더니, 우리에게 방 한복판에 서 있으라고 했다. "가을 풍경!" 하고 그가 말하니 불상들의 색이 노란색과 갈색으로 싹 바뀌었다. 군데군데 불그스레한 색으로 변하기도 했는데, 그건 마치 금방 떨어진 낙엽 더미 같았다. "겨울 풍경!"이라고 하니 불상들은 연청색과 흰색의 눈송이가 되었다. "별똥별!" 하니 불상들이 자주색으로 변했고 하얀 점이 이 불상에서 저 불상으로 뛰어다녔다. 꼭 밤하늘을 묘사한 스톱 모션 애니메이션 같았다.

대부분의 납골당은 혁신이나 획기적인 것과는 거리가 멀었다. 납골당의 디자인은 전 세계적으로 똑같다. 끝없이 줄지어 선 화강암 벽에 고인의 이름이 새겨져 있고, 그 뒤에 재가 담긴 유골함이 있다. 개인의 특징을 내세우고 싶으면 거기에 작은 사진이나 곰 인형, 꽃 한 다발을 같이 놓을 수도 있다.

이 LED 불빛 쇼는 디즈니에서 제작한 것일 수도 있겠다 싶었다. 이 정교한 디자인에는 마치 테크니컬러의 자궁 속에 감싸인 듯한 느낌을 주는 뭔가가 있었다.

"불교에서 생각하는 내생은 보물과 빛으로 가득 차 있습니다." 야지마 스님은 설명했다.

종교학자 존 애슈턴과 톰 화이트는 정토에 대해 이렇게 묘사했다. "갖은 보석과 보배로 장식되어 있으며, 바나나나무와 종려나무가 죽 줄지어 서 있다. 신선하고 차가운 물이 연못에 찰랑거리고 연꽃이 가득 피어 있으며, 새들이 부처를 찬탄하는 노래를 하루에 세 번 지저귄다."

루리덴을 디자인할 때 야지마 스님은 "부처의 길을 따라 도달하는 내생"을 묘사하려 했다.

부처를 비추는 불빛이 처음부터 이렇게 정교하지는 않았다. 루리덴의 새 시설에 처음 온 사람 중 하나는 조명 디자이너였다. 그녀는 계절별 풍경을 만들기 위해 자원한 것이다. "처음에는, 조명 불빛이 마치 라스베이거스 쇼 같았어요!" 야지마 스님이 웃었다. "난 말했죠. 이건 장난감이 아니라고! 그건 너무 지나치다고! 우린 그걸 취소하고, '가능한 한 자연스럽게' 해달라고 말했어요. 그 작품은 지금도 자연스러운 분위기를 만들기 위해 작동되고 있습니다."

야지마 스님은 절 안으로 들어와서 차 한잔하라고 하며, 찾아오는 외국인을 위해 준비한 의자에 앉으라고 권했다. 그는 내가 차담을 나누는 내내 바닥에 앉아서 책상다리를 하고 있기가 힘들 거라고 생각한 것이다. 나는 할 수 있다며 그를 안심시켰다.(그런데 실은 할 수 없었다. 3분이 지나자 두 다리가 고통스럽게 저려왔던 것이다.)

야지마 스님에게 루리덴을 왜 이렇게 디자인했는지 물었더니, 열정적인 답변이 돌아왔다. "우리는 행동해야 했고, 뭔가를 해야 했죠. 일본은 어린아이들이 점점 적어지고 있어요. 일본 사람들은 점점 더 오래 살고요. 가족들이 무덤을 돌볼 것이라 여기지만, 모든 이의 무덤을 돌볼 만큼 젊은 사람이 충분하지 않습니다. 뒤에 남겨진 사람들을 위해 우리가 뭔가를 해야 합니다."

일본 인구 중 4분의 1이 65세 이상이다. 여기에 출생율도 낮아 일본 인구는 지난 5년간 100만 명이나 줄어들었다. 일본 여자들은 세계에서 기대수명이 가장 길다. 일본 남자들의 기대수명은 세 번째로 길다. 가장 중요한 것은 '건강한 기대수명(그저 오래 사는 것이 아니라 늙어서도 독립적으로 사는 것)'인데 그것은 일본이 남녀공히 세계에서 가장 길다. 인구의 평균 연령이 높아짐에 따라 요양보호사와 간병인의 필요성은 점점 높아지고 있다. 지금은 70대가 90대를 돌보고 있는 실정이다.

나를 따라다니며 통역해주는 사토 씨는 이를 잘 알고 있다. 그녀 자신이 부모, 시부모, 삼촌 둘까지 여섯 사람을 책임지고 돌보기 때문이다. 모두 80대 중반이거나 90대 초반이다. 몇 달 전에는 그녀의 이모(혹은 고모)할머니가 102세로 돌아가셨다.

이들 노인 군단은 평생 일했고, 저축했으며, 자식은 많지 않거나 없었다. 돈은 넉넉했다. 《월스트리트저널》은 "요즘 일본에서 '슈카쓰' 혹은 '종활(終活)'이라는 업계 용어가 화제이다. 이는 말년을 앞두고 죽음을 준비하는 사람들을 겨냥한 제품과 서비스가 폭발적으로 늘어나는 현상을 보여준다."라고 했다.

일본 죽음 산업의 매출은 2000년 이래 3350억 엔(약 3조 7000억 원)으로 늘었다. '파이널 쿠튀르'라는 회사는 디자이너가 만든 수의와 장례식에 쓰일 영정 사진을 찍어주는 전문 사진가를 상품으로 내세우고 있다.

사람들은 죽기 몇 년 전 이곳에 나타나 루리덴에 미리 불상을 사놓는다. 야지마 스님은 그들에게 자주 여기를 찾아오고 남들을 위해 기도하라고, 그래서 자신의 죽음을 바로 대면하라고 격려한다. 그들이 죽으면 "먼저 부처님에게 간 사람들에게 환영받을 것"이라며 말이다.

사전에 아무 계획도 없고, 가까운 가족이 없는 사람도 있다. 이런 사람들의 시신은 죽고 나서 몇 주나 몇 달 동안 발견되지 않아, 카페트나 침대보에 음울한 적갈색 자국을 남긴다. 그들은 일본에 전염병처럼 퍼지는 '고독사', 즉 '외로운 죽음'의 피해자들이다. 무덤에 와서 기도해줄 사람은커녕 시체를 발견할 사람도 하나 없이 고립되어 혼자 살다 죽은 노인들이다. 심지어 집주인이 고독사 이후의 잔재를 치우기 위해 일정액을 주고 청소를 부탁하는 특별한 회사들도 있다.

야지마 스님은 루리덴을 세울 때 "자녀도 전혀 없고 '어떡하지? 내가 죽으면 누가 날 위해 기도해줄까?' 하는 사람들을 생각했다."고 한다.

매일 아침이면 야지마 스님은 루리덴에 들어가 그날 날짜를 입력한다. 그날 아침에는 5월 13일이라고 찍었다. 그러자 몇몇 불상들이 노랗게 빛나며 그 날짜에 죽은 사람들이 표시되었다. 야지마 스님은 향을 피우고 그들을 위해 기도했다. 향을 피우거나 기도를 할 유가족이 전혀 없더라도 스님은 망자들을 기억해주었다. 남은 가족이 없는 노인들을 위해, 루리덴에서 빛이 환히 밝혀진 불상들은 망자들의 내생 공동체 노릇을 할 것이다.

야지마 스님은 힘 있는 주지 스님일지 모르지만, 또한 디자이너이기도 하다. "기도할 때, 창작에 대한 생각도 합니다. 뭔가 새로운 것, 눈부신 빛으로 가득 찬 것을 어떻게 만들까? 어떻게 새 불상들을 만들지?"

그에게 기도는 창의성에 꼭 필요한 행위이다. "기도할 때마다 색다른 아이디어가 떠올라요……. 난 책상머리에 앉아서 계획을 세우는 사람이 못 된답니다. 모든 게 기도 중에 떠오르거든요."

루리덴이 유골로 가득 차면 어떻게 될까? "여기가 가득 차면 그땐 제2, 제3의 루리덴을 생각해봐야죠. 벌써 그런 생각을 하고 있어요." 스님은 미소 지었다.

20세기 초반 일본의 사설 화장장은 (적어도 언론이 보기에는) 비도덕적인 일들이 자행되는 소굴이었다. 화장장 운영자들이 죽은 사람의 금니를 훔쳐간다는 소문이 있었다. 더 기이한 소문은 이들이 고인의 신체 일부를 훔쳐서 매독 치료제로 알려진 약을 만든다는 것이다. 이때까지만 해도 화장로에서는 가스 대신 나무를 땠고, 그래서 화장 과정이 꽤나 길었다. 시체가 밤새도록 타는 동안 가족은 화장장을 떠나 귀가해야 했다. 역사학자 앤드루 번스타인은 "신체 부위, 금니, 보석, 옷가지 등을 도둑맞지 않도록 조문객들은 개별 화장로의 열쇠를 받았고, 그 열쇠는 고인의 뼈와 재를 찾으러 갈 때 화장장에 반납해야 했다."라고 설명했다. 마치 버스나 지하철 정류장에 있는 개인 물품 보관함을 이용하듯이 말이다.

1938년에 공립 화장장으로 건립된 미즈에 장례식장에서는 이보다 좀 더 현대적인 접근법을 도입했다. 이곳의 화장로에서는 석탄을 때서 가족들이 모든 일을 단 하루에 처리할 수 있었다.(열쇠는 필요 없다.) 이 장례식장의 지지자들은 명칭을 '장의 센터'로 바꾸고, 정원 같은 환경을 조성하여 '미적 경영'을 해야 한다고 주장했다. 80년이 지난 지금도 미즈에 장례식장은 계속 운영되고 있고, 미적 경영으로 효과를 보고 있다. 장례식장 단지는 점차 퍼져나가 서쪽으로는 강과 접해 있고 남쪽으로는 정원과 놀이터,

동쪽으로는 초등학교 두 곳과 중학교에 맞닿아 있다.

미즈에 장례식장처럼, 내가 찾아간 린카이 화장장도 완전한 죽음을 체험하게 해주었다. 린카이 화장장을 방문한 날, 따로 분리된 장례식장 네 곳에서 모두 시차를 두고 장례식이 온종일 진행되었다. 유가족들이 화환과 그 밖에 대나무며 식물이며 빛나는 보주◎(가장 인상 깊었던 것은 빛나는 보주였다.) 등 방을 장식할 것들을 이것저것 싸 들고 이곳에 도착하기 한참 전에 사설 장의사 직원들이 와 있었다. 사회인류학자 스즈키 히카루는 이렇게 설명했다. 현대 일본에서는 (서양에서 그렇듯) "전문 직업인들이 상업적인 장례식을 준비하고 마련하고 지휘하여, 유가족은 오직 돈만 내면 된다."라고.

스즈키 히카루가 인터뷰했던 84세의 한 할아버지는 죽음에 대한 의례가 사라져가는 것을 한탄했다. 그는 1950년대에는 사람이 죽으면 정확히 무엇을 해야 하는지 모두가 알고 있었다고 개탄했다. 누군가에게 돈을 주고 도와달라고 할 필요가 없었다. "요즘 젊은이들이 죽음 앞에서 어떻게 하는지 보십시오. 그들이 처음 하는 일은 장의사를 부르는 겁니다. 그들은 무력한 어린아이처럼 굴어요. 옛날에는 그런 황당한 일이 절대 일어나지 않았답니다." 그는 말했다. 정말로 충격적인 부분은 "요즘 젊은이들이 그에 대해 별로 부끄러워하는 것 같지도 않다는 거예요."라고 그의 부인이 옆에서 맞장구를 치며 말했다. 그러니까 젊은이들은

◎ 보배로운 구슬.

죽음에 대해 전혀 모를 뿐만 아니라, 아예 그 사실을 괘념치도 않는 것 같다는 말이다.

물론 젊은 세대는 노인 세대의 미신을 지긋지긋해하며 우습게 생각한다. 할아버지 역시 자기가 옛날 장례식 미신에 대해 이야기하면 의대생인 손녀가 자기를 놀리더라고 말했다. 예를 들면 임신부는 망자 근처에 갈 수 없으며, 고양이가 죽은 사람 머리를 뛰어 넘으면 악령이 깃들어 시체가 벌떡 일어선다는 그런 미신들 말이다. 시신이 사악한 고양이 좀비로 변하는 것을 막으려면 고양이를 고인에게서 멀리 떨어뜨려놓아야 한다는 것이다.

린카이 장례식장의 홀 네 곳에는 각기 다른 할머니의 장례식이 준비되어 있었다. 고인의 영정이 든 디지털 액자가 홀 정면에 있는 관 근처에 놓였다. 영정 속 후미 여사는 하얀 깃이 달린 셔츠 위에 푸른 스웨터를 입고 있었다.

홀 옆의 작은 곁방에서는 다나카 여사의 시신이 라벤더 향내가 풍기는 화장용 관에 뉘어 있었다. 시신을 차갑게 유지하기 위해, 관 속 고인 주변에는 드라이아이스가 잔뜩 채워진 상태였다. 고인의 가족들이 관을 빙 둘러서서 머리를 숙였다. 고인의 장례식이 다음 날 오전 10시부터 정오까지 거행된 이후, 곧바로 화장될 예정이었다.

남자 노인들은 일반 조문객들이 있는 곳과는 다른, 별도의 방에 모여 담배를 피우고 있었다. "흡연실이 바로 앞에 있었던 한 장례식장이 기억나요." 사토 씨가 말했다. "장례식장의 향 냄새와 담배 연기가 섞이면 정말 끔찍하죠."

장례식이 끝난 후 고인의 시신이 가게 될 화장장은 뉴욕 한복판에 있는 멋진 사무용 빌딩 같았다. 건물의 모든 부분이 어두운색 화강암으로 되어 있는 것이 인상적이었다. 미국의 장례 시설이 고물 픽업트럭이라면, 이곳의 장례 시설은 반짝반짝 빛나는 새 렉서스 같았다. 화장 시설 안에는 자국이 남지 않도록 세심하게 윤을 낸 은빛 문 열 개 뒤로 화장로 열 대가 숨어 있었다. 회색 스테인리스로 된 컨베이어벨트가 각 화장로에 망자의 시신을 밀어 넣었다. 이 화장로는 내가 본 어느 화장로보다도 깨끗하고 반짝반짝 윤이 났다.

화장 비용은 화장장 밖에 써 붙여 있었다. 유산한 아기의 화장 비용은 9000엔, 신체 부위 하나의 화장 비용은 7500엔, 성인의 유골을 분류해 따로따로 여러 항아리에 담는 비용은 2000엔이었다. 가족들이 사랑하는 고인과 같이 태우면 안 되는 것들의 목록, 이를테면 휴대전화, 골프공, 사전, 덩치 큰 동물 인형, 금속으로 만든 부처 형상, 수박 등(이런 것에만 국한된 것은 아니다.)의 목록이 붙어 있었다.

"잠깐, 뭐라고요? 수박을 같이 태우고 싶어 해요? 정말로?"

"그렇다니까요!" 사토 씨가 어깨를 으쓱해 보였다.

화장이 결정되면, 상주(십중팔구는 고인의 남편이나 큰아들)를 포함해 가까운 가족 구성원 서너 명이 시체를 화장장까지 운구하여 화장로로 관이 미끄러져 들어가는 것을 지켜본다. 가족은 화장 과정 전체를 지켜보지는 않고 대신 위층에 마련된 가족실로 간다. 화장이 끝나면 유가족들은 화장장을 지나 '고쓰아게'를 위해 마련된 세 칸짜리 방으로 간다.

화장이 끝나고, 조각난(그렇지만 완전히 백골이 된) 뼈들이 화장로에서 나온다. 서양의 화장장에서는 이런 뼈를 빻아서 가루로 만들지만, 일본 사람들은 전통적으로 그렇게 하지 않는다. 가족은 뼈 모으는 방으로 들어가는데, 그 방 안에는 그들이 사랑했던 고인의 뼈가 기다리고 있다.

가족들은 대나무 젓가락과 쇠젓가락 몇 벌을 받는다. 상주가 발뼈부터 시작해, 젓가락으로 고인의 뼛조각을 집어 들고 항아리에 담는다. 다른 가족들도 합세하여 뼈를 주워 담는다. 두개골은 커서 유골 항아리에 넣을 수 없다고 쓰여 있었다. 화장장 직원이 개입하여 쇠젓가락으로 두개골을 더 작게 조각내야 한다. 목뿔뼈(턱 밑의 말편자 모양의 뼈)는 맨 마지막으로 항아리에 들어간다.

1990년대에 두 여자가 도쿄에서 살해당한 실화를 담은 뛰어난 논픽션 『어둠을 먹는 사람들』에서, 리처드 로이드 패리는 카리타 리지웨이라는 호주 여성의 장례를 두고 이렇게 서술한다. 카리타의 부모는 딸의 장례를 치르기 위해 멀리 호주에서 비행기를 타고 날아왔는데, 고쓰아게라는 관습에는 전혀 문외한이었다.

> 그들은 오랜 여정 끝에 도쿄 외곽 지역에 있는 화장장에 도착했다. 그들은 장미 꽃잎이 가득한 관 속에 평화롭게 누워 있는 카리타에게 작별을 고하고, 딸이 화장로의 강철 문 뒤로 사라지는 것을 지켜보았다. 그들 내외는 둘 다 그다음 일에 대한 준비가 되어 있지 않았다. 그들은 잠시 쉰 다음, 건물 다른 쪽에

있는 어떤 방으로 인도되었고, 두 사람에게 각각 흰 장갑 한 켤레와 젓가락 한 벌이 주어졌다. 방 안의 철판 위에는 뜨거운 화장로에서 막 빠져나온 카리타의 유해가 있었다. 유해는 완전히 연소되지 않은 상태였다. 비록 나무나 옷, 머리카락과 살은 타버렸지만 가장 큰 뼈인 다리뼈, 팔뼈와 두개골은 금이 가 있었음에도 충분히 알아볼 수 있었다. 리지웨이 부부 앞에 놓인 것은 재가 담긴 깨끗한 상자가 아니라 바싹 타버린 카리타의 해골이었던 것이다. 그리고 가족으로서 그들이 해야 할 일은 전통적인 일본식 화장의 과정 중 하나로, 젓가락으로 딸의 뼛조각을 하나하나 추려 항아리에 담는 것이었다. "남자 친구였던 롭은 도저히 못 하겠다고 하더군요." 카리타의 아버지 나이젤이 말했다. "롭은 우리가 그 일을 하려고 하는 것만으로도 우리를 괴물이라고 생각했어요. 그럼에도 우리가 그 일을 할 수 있었던 것은 아마도 우리가 부모이고 카리타가 우리 딸이었기 때문인 것 같아요……. 지금이야 섬뜩하게 들리지만, 당시에는 그렇게 느껴지지 않았거든요. 그건 뭔가 감정적인 거였어요. 난 평소보다 더 침착해지는 기분이 들었어요. 마치 우리가 카리타를 돌보는 것 같은 그런 느낌 말이죠."

고쓰아게는 비록 리지웨이 가족이 알던 장례 문화와는 다른 것이었지만, 일생에서 가장 힘든 시기에 리지웨이 가족이 카리타를 위해 할 수 있는 뜻깊은 일이 되었다.

모든 뼈가 항아리 크기에 다 맞는 것은 아니다. 일본 어느 지역에서 어머니를 화장했는지에 따라, 유가족이 남은 뼈와 재를 따로 작은 가방에 담아 집에 갖고 가기도 하고, 화장장에 그냥 놓아두기도 한다. 그렇게 남은 뼈는 화장장 직원이 갈아서 봉지에 넣고 사람들이 볼 수 없는 곳에 쌓아둔다. 더미가 많이 쌓이면 뼛가루를 '재 모으는 사람들'이라는 전문가들이 가져간다. 재 모으는 사람들은 그 뼛가루를 산속에 있는 큰 무덤으로 가져가는데, 그 무덤의 넓이는 7.2제곱미터에 깊이는 6미터쯤 된다. 사회학자인 스즈키 하루키에 따르면, 이 재 모으는 사람들은 재 무덤 위에 벚나무와 침엽수를 심는다. "벚나무 때문에 많은 사람이 찾아오지만, 이 아름다운 나무 아래 숨겨진 비밀을 알고 있는 사람은 거의 없죠."

벚나무 숲은 과거에 남은 뼈를 처리하던 방식보다는 한결 우아한 방식이다. 옛날에는 재를 그냥 화장장 땅에 묻었다. 그러나 미즈에 장례식장처럼 아름답고 공원처럼 생긴 장례 단지가 늘어나면서, 뼛가루를 뒷마당에 버리는 방식은 인기가 없어졌다. 스즈키에 따르면 이 재 모으는 사람들은 '하이부쓰 가이슈샤', 글자 그대로 해석하면 '쓰레기 줍는 사람'이라고 불린다고 한다. 그녀의 말에 따르면 "화장하는 사람들은 재 모으는 사람들을 고인의 영혼에 대해 아무런 책임도 지지 않는 단순 노동자일 뿐이라며 멸시한다."는 것이다. 화장장 직원들은 어쨌든 고인의 시신을 직접 다루고 유가족들을 상대하는 "전문적인 일"을 하는 사람이라는 이유에서였다.

이렇게 화장장 종사자와 재 모으는 사람을 나누고 차별하는 것은 이상한 일이다. 내가 화장장에서 일하던 시절에는 이 두 가지 일은 하나의 같은 일이었다. 고인의 시신은 화장로에 들어가서, 뼈와 재가 되어 나온다. 고쓰아게라는 것이 없는 서양에서는 유가족들이 혹시 뒤바뀐 유골함을 받을까 봐 크게 염려하곤 한다. 그들은 이런 질문을 하며 걱정한다. "이 항아리에 담긴 게 정말 우리 어머니 맞나요?" 화장을 마치면 나는 화장로에서 마지막 한 톨이라도 남아 있는 뼛조각이나 재 가루를 최대한 모두 빼내려고 한다. 하지만 그렇게 해도 틈새로 떨어진 뼛조각이 있기 마련이다. 이렇게 떨어진 조각들은 포대에 모아둔다. 캘리포니아주에서는 그렇게 포대 속에 모은 재를 바다에 내다 뿌리곤 한다. 나는 화장자인 동시에 재 모으는 사람이기도 하다. 즉 나는 '전문가'이면서 '쓰레기 줍는 사람'도 된다는 것이다.

가토 소겐은 2010년에 111세를 맞아 도쿄에서 가장 나이가 많은 사람이 되었다. 공무원들이 그의 집에 가서 이 기념비적인 생일날 가토 영감님을 축하해주려 했다. 하지만 가토의 딸은 그들을 집 안에 들어오지 못하게 하면서, 가토가 식물인간 상태에서 옛날에 승려들이 스스로의 몸을 미라로 만들던 방식인 '소쿠신부쓰◎' 수행을 시도하는 중이라고 했다.

여러 차례의 시도 끝에 경찰이 강제로 문을 따고 들어가 가토

◎ 소쿠신부쓰가 되기로 한 승려는 죽음이 멀지 않았을 때 금식과 명상으로 하루하루를 보내며 스스로 미라가 된다. 일본 불교에서는 이를 부처에 가까워지는 일종의 수련 과정으로 여긴다.

의 시체를 발견했을 때, 그는 이미 죽은 지 최소 30년은 된 상태였고 미라로 변한 지 오래였다.(하지만 아직도 속옷을 입고 있었다.) 가토의 딸은 아버지를 기리며 무덤으로 데려가는 대신, 그의 시신을 가족이 사는 집 1층의 방 한 칸에 처박아두었던 것이다. 그의 손녀는 "어머니는 '우리 아버지를 거기다 내버려둬.'라고 했고, 할아버지는 거기에 그렇게 방치되었어요."라고 했다. 세월이 흐르는 동안, 그의 81세 딸은 10만 엔이 넘는 노인 연금을 착복해왔다.

가토 씨의 가족이 저지른 짓은 실로 충격적이었다. 오랫동안 시체를 이용해 사기를 쳐왔다는 점에서도 놀라웠지만, 일본인들이 시체를 보는 관점이 얼마나 바뀌었는지를 보여준다는 점에서도 놀라웠다. 전통적으로 시신은 불순하다고 여겨졌다. 시체는 오염되었기 때문에, 유가족은 의례를 통해 시체를 정화하여 좀 더 선하고 좋은 상태로 만드는 '이미아케', 즉 '오염을 걷어내는 의식'을 행해야 했다.

오늘날 살아 있는 사람들에게는 한때 산 자와 죽은 자 모두 오염되지 않게 하기 위해 행해진 의례와 절차들이 끝없이 많아 보일지도 모른다. 그중 중요한 것만 뽑아보자면 다음과 같다. 시체와 접촉하기 전후에 정종을 마셔야 한다, 향을 피우고 초를 켜 놓아 감염성 물질을 흐트러뜨린다, 시체 옆에서 밤을 새우며 시신에 악령이 깃들지 못하게 한다, 화장한 후에는 소금으로 두 손을 문질러야 한다 등이 있다.

20세기 중반 들어, 집에서 멀리 떨어진 병원에서 생을 마감하는 사람의 수가 늘어나기 시작했다. 시체를 관리하는 전문가들이 좀 더 많아졌다는 것은 일본인들이 더 이상 시체를 불순한 것으로 여기지 않게 되었다는 뜻이다. 화장을 택하는 비율은 25퍼센트(20세기에서 21세기로 바뀔 무렵)에서 요즘에는 거의 100퍼센트 가까이 올라갔다. 사람들이 이제 시신을 불길 속에 넣기만 하면 시신으로부터 감염이나 전염을 피할 수 있다고 느끼는 것이다. 이와 같은 변화가 미국에서도 일어났지만, 그 결과는 정반대였다. 미국에서는 오히려 장례 관련 산업이 전문화되다 보니, 사람들이 전보다 더욱더 시체를 두려워하게 되었다. 다시금 우리는 시체를 제대로 마주하지 못하고, 유리창을 통해서만 시신을 들여다보게 된 것이다.

일본 제2의 도시 요코하마에는 '라스텔'이라는 것이 있다. 이는 '라스트'와 '호텔'의 합성어로 당신이 머물게 될 마지막 호텔(왜냐하면 당신은 이미 죽었으니까)을 의미한다. 즉 라스텔은 시신을 위한 호텔이다. 라스텔의 관리인 쓰루오 씨가 우리를 안내했다. 흔히 상상할 수 있는 으스스한 이미지의 '시신이 묵는 호텔의 주인'처럼 촛불을 들고 거미줄을 헤치며 안내하지는 않았다. 그는 명랑하고 외향적이었으며, 이 라스텔에서 제공하는 서비스에 대해 열정을 갖고 있었다. 호텔 탐방이 끝나갈 때쯤, 난 녹음기에 대고 "난 이 시설을 원해. 난 시신 호텔을 원해. 난 이게 정말 미국에 있었으면 좋겠어."라고 속삭였다.

쓰루오 씨는 우리를 엘리베이터 안으로 안내했다. "이 엘리베이터는 물론 아무나 타라고 있는 것이 아닙니다." 그는 양해를 구했다. "들것과 일꾼만 이용할 수 있는 거죠." 엘리베이터는 바닥에 앉아서 뭘 먹어도 될 만큼 깨끗해 보였다. 우리는 6층에서 내렸다. 이 층에 있는 라스텔의 냉장 저장실에는 시체를 스무 구까지 보관할 수 있었다.

전용 엘리베이터가 내려가 하얀 관을 실은 뒤 그것을 우리가 있는 입구로 운반하는 동안, 쓰루오 씨가 이렇게 말했다. "다른 시설에는 없는 것을 여기에는 두고 싶었어요."

벽에는 관과 같은 크기의 철제문이 줄지어 있었다. "이 문은 어디로 통하는 건가요?" 내가 물었다.

쓰루오 씨는 우리에게 따라오라는 몸짓을 했다. 우리는 향이 피워져 있고 소파가 몇 개 놓인 작은 방으로 들어갔다. 이 방에는 좀 더 잘 가려지긴 했지만 똑같이 생긴 작은 철제문이 여러 개 있었다. 문이 열리더니, 하얀 관이 스르르 미끄러지듯이 들어왔다.

이어 우리는 각기 다른 세 개의 가족실로 들어갔는데, 그 방에서는 고인의 유가족들이 하루 중 아무 때나 와서(시신은 보통 나흘 정도 그곳에 안치된다.) 냉장 보관된 고인의 시체를 찾아볼 수 있었다. 말하자면 고인이 정돈된 상태로(방부처리는 안 되어 있지만) 법복이나 좀 더 현대적인 정장을 입고 그 관 속에 누워 있을 수 있다는 것이다. 쓰루오 씨는 이렇게 설명했다. "어쩌면 유가족은 장례를 지낼 수 없는 처지일지도 몰라요. 낮에는 일을 할 수도 있겠죠. 그럴 경우에는 바쁘지 않은 시간에 이곳에 들러, 고인의 시신과 함께 앉아 시간을 보내는 겁니다."

어떤 가족실은 더 크고 넓었다. 편안한 소파와 텔레비전이 놓여 있고 꽃이 풍성하게 꽂혀 있었다. 이 방은 유족들이 망자와 함께 편안히, 미국의 장의사처럼 엄격한 마감 시간에 쫓길 필요 없이 머물 수 있는 곳이었다.

"이 큰 방을 쓰려면 1만 엔(약 10만 원)을 더 내시면 됩니다." 그가 말했다.

"그럴 만한 가치가 있네요!" 내가 대답했다.

원하는 만큼 자주, 예약할 필요도 없이 고인의 시신을 찾아와 함께 시간을 보낼 수 있다는 것은 우아하고도 고상한 방식 같았다. "참관실에 두 시간 머물 돈을 내셨으니, 그 방에 두 시간 동안만 머물 수 있습니다." 하는 식의 서양 장례와는 정반대였다.

라스텔 9층의 다른 쪽에는 환하고 청결한 흰색 욕실도 있었다. 천장이 높고 멋지게 꾸며진 이 방은, 시신에게 '지상에서의 마지막 목욕'을 시킬 수 있는 방이었다. 전통적인 료칸에서나 행해지던 시신을 씻기는 의식이 최근 들어 되살아났고, 아예 고인과 가까운 유족을 위한 상업화된 서비스가 되었다. 이 서비스를 재도입한 어느 회사 대표는 이렇게 말했다. "시체를 씻기는 의식은 현대의 장례식에서 심리적인 빈자리를 채우는 데 도움이 될 것입니다. 재빨리 시체를 멀리 가져가버리면 유가족이 죽음을 곰곰이 바라볼 시간이 충분하지 않거든요."

장의사로 일하면서, 나는 시체를 씻기는 것과 시체와 함께 시간을 보내는 것이 슬픔을 달래는 데 강력한 역할을 한다는 것을 알았다. 이런 절차와 의식은 유가족에게 시신을 저주받은 대상이 아니라 한때 사랑하는 사람을 담았던 아름다운 그릇으로 보도록 하는 데 도움이 된다. 집 정리로 유명한 일본인 곤도 마리에는 엄청난 베스트셀러 『곤도 마리에 정리의 힘』에서 이와 비슷한 생각을 말한다. “모든 것을 우르르 쓰레기 봉지에 담아 버리는 대신 물건 하나하나와 시간을 보내고, 물건을 떠나보내기 전에 그 쓸모에 감사하라.” 몇몇 비평가는 잘 맞지 않아 버리는 스웨터에게 한때 쓸모 있어서 감사하다고 말하는 것이 바보 같은 짓이라고 하지만, 그렇게 감사를 표현하고 싶은 충동은 사실 마음 깊은 곳에서 나온 것이다. 왜냐하면 모든 헤어짐 하나하나가 곧 작은 죽음이기에, 이에 걸맞은 명예로운 처우를 받아야 하기 때문이다. 이러한 개념은 일본인이 시체와 맺는 관계에도 잘 나타난다. 그들은 고인이 된 어머니를 화장로 속으로 그냥 사라지게 두지 않는다. 어머니와 함께 앉아서, 어머니에게, 그러니까 그 시신에게 그동안 어머니로 있어준 것에 고마움을 전한다. 그래야만 진정으로 어머니를 보내드릴 수 있는 것이다.

쓰루오 씨는 자갈길, 실제로는 라스텔 건물 복도로 걸어가며 우리를 계속 안내해주었다. 복도는 마치 지역 쇼핑몰에 빅토리아 시대풍으로 꾸며 놓은 크리스마스 행사장 같은 분위기를 풍겼다. 그리고 복도 끝에 그 ‘집’의 정문이 있었다. 쓰루오 씨는 우리에게 실내에 들어갈 때 구두 위에 씌우라며 작은 덮개를 주었다.

“이것이 ‘생활형’ 가족 장례입니다.” 그가 문을 열었더니 일본의 보통 콘도(애석하게도 실내는 복도처럼 빅토리아 시대풍은 아니었다.)가 나왔다.

“그러니까 여기가 누군가가 사는 콘도인가요? 하지만 실제로 사는 사람은 아무도 없는?” 나는 순간 헷갈려서 그에게 이렇게 물었다.

"그렇습니다. 돌아가신 분들이 여기 묵지요. 산 사람도 여기서 시체와 함께 밤을 보낼 수 있습니다."

그 콘도에는 전자레인지, 샤워 시설, 소파 같은 것들을 포함해 유가족을 위한 편의시설이 전부 다 갖추어져 있었다. 열다섯 명까지 잘 수 있는 침구도 있었다. 요코하마 같은 대도시에 지어진 아파트는 도시 밖에 사는 조문객을 맞아들일 만큼 넓지 않기 때문에, 가족들은 집 대신 이곳에 모여 시신과 시간을 보낼 수 있다.

이 방에 들어가자 감정이 북받쳐 올랐다. 미국의 장례지도사들 사이에서 드물게 결론을 내기 어려운 지점이 있는데, 바로 방부처리된 고인의 시신에 관한 것이다. 물론 방부처리된 고인의 시신을 본다는 것은 종종 가족에게는 썩 유쾌하지 못한 경험이다. 물론 언제나 예외는 있지만. 고인의 직계 가족에게는 좀처럼 시신(필시 대부분은 죽으면 재빨리 치워진다.)과 함께 의미 있는 시간을 보낼 만한 여유가 주어지지 않는다. 가족이 고인과 함께 있는 시간을 보내며 상실감을 느끼기도 전에, 장례를 돕는 사람들과 먼 친척들이 몰려들어 모두가 슬퍼하고 겸손해하는 공적인 퍼포먼스 속으로 빠져들게 마련이다.

모든 대도시에 라스텔 같은 장소가 있다면 어떨까. 나는 문득 궁금했다. 경직되고 의식적인 규범에서 벗어나, 가족이 그저 고인과 함께, 격식 차린 참관에 필요한 퍼포먼스에서 벗어나 자유롭게 있을 수 있는 그런 곳 말이다. 집처럼 안전하고 편안한, 그런 곳.

역사 속에는 때를 잘못 타고난 아이디어가 많다. 1980년대에 일본의 한 카메라 회사 직원 우에다 히로시는 최초의 카메라 '셀카봉'을 만들어 여행하면서 혼자서 자기 사진을 찍을 수 있었다. 이 아이템은 1983년에 특허까지 받았지만 시판되지는 않았다. 심지어 이 장치는 너무 하찮다고 여겨져서 '진도구(불필요한 발명품을 말한다. 다른 '진도구'로는 기르는 고양이가 신을 작은 슬리퍼, 젓가락에 붙여 라면 국수를 식히는 전동 팬 등이 있다.)'를 모아놓은 책에도 등장했다. 아무런 관심도 받지 못한 채, 우에다의 특허는 2003년에 소멸했다. 오늘날 자아도취에 빠진 제다이 기사들이 광선검을 휘두르는 것마냥 셀카봉을 흔들어대는 사람들을 보면, 우에다의 실패는 실패로 보이지 않는다고 BBC는 보도한다. "우리는 그것을 새벽 3시의 발명품이라고 부릅니다. 시대를 잘못 타고났던 거죠."

죽음과 장례의 역사에도 시기상조인 아이디어, 죽음의 신이 새벽 3시에 발명한 장비가 가득하다. 그중 하나가 1820년에 런던에서 나왔다. 당시 런던은 포화 상태에 이르러 심한 냄새를 풍기는 도심의 묘지 문제를 풀 해법을 찾고 있었다. 흙 속에 첩첩이 쌓인 관들이 6미터 깊이에 달했다. 관의 나무가 부서져 가난한 사람들의 땔감으로 팔려나가면, 반쯤 부패된 시체들이 대중에게 그대로 노출되었다. 이러한 과밀 상태가 뻔히 보였기에 존 블랙번 목사는 "인간의 잔해와 망자의 시체 조각들로 가득 차 시커메진 흙더미를 보고 틀림없이 마음 여린 사람들 다수가 역겨워했을 것이다."라고 말했다. 뭔가 새로운 시도를 해야 할 때였다.

런던의 매장 체계를 개혁하자는 제안이 빗발치기 시작했다.

그중에는 토머스 윌슨이라는 건축가가 낸 제안도 있었다. 윌슨은 땅이 부족한 게 문제라면, 더 깊이 밑으로 파고 들어가 시체를 묻는 대신, 커다란 무덤 피라미드를 만들어 망자들을 위로 쌓아 올려야 한다고 제안했다. 이 피라미드는 벽돌과 화강암으로 만들어져 지금은 프림로즈 힐로 알려진, 런던 중심가를 내려다보는 언덕 꼭대기에 세워질 예정이었다. 이 피라미드는 94층 높이로 세인트폴 대성당보다 네 배나 높고 500만 구의 시체를 수용할 수 있는 규모였다. 이 숫자를 보라. 자그마치 500만 구이다.

이 피라미드의 면적은 7만 3000제곱미터밖에 되지 않지만 약 40만 제곱미터의 땅에 묻는 시체들을 수용할 수 있다. 윌슨이 생각한 거대 시체 피라미드(실제 이름은 더할 나위 없이 쿨하게도 '메트로폴리탄 묘지')는 이집트식 피라미드라는 점을 강조해 예술적인 건축물에 대한 런던 사람들의 열광에 호소하는 바가 있었다. 그런데도 대중은 이 발상을 받아들이지 않았다. 《리터러리가제트》는 이 프로젝트를 가리켜 "괴물 같은 광증이 낳은 작품"이라고 명명했다. 대중은 공원묘지를 원했다. 즉 그들은 망자를 런던 중심가의 꽉 찬 교회 마당 바깥으로 몰아내 바람도 쐬고 망자와 소통도 할 수 있는, 한없이 펼쳐진 풍경 속으로 보내버리고 싶었던 것이다. 그들은 엄청나게 커다란 죽음의 언덕 같은 이 건물(무거워서 언덕을 무너뜨릴지도 모르는 건물), 부패를 향해가는 이 기념물이 런던의 하늘을 가리는 게 달갑지 않았던 것이다.

하지만 이 모든 게 윌슨에게는 자괴감만 남기고 끝나버렸다. 그가 낸 피라미드 아이디어는 어느 프랑스 건축가로부터 표절당

했다. 그는 동업자를 지적 표절로 고소하고, 그 자신도 명예훼손으로 고소당했다. 하지만 '메트로폴리탄 묘지'라는 아이디어가 죽음의 셀카봉처럼 나중에는 각광받을지도 모르는 시기상조인 아이디어였다면? 장례 산업과 문화를 다시 설계하기 위해 우리는 커다란 발걸음을 떼어놓지만, 이 아이디어 역시 다른 '진도구'들처럼 쓰레기 더미 속에 묻혀버릴지도 모른다는 경고와 함께한다.

료고쿠역에서 나와 도쿄의 스모 박물관 모퉁이를 돌아 5분만 가면 세계 최첨단 장의 시설 중 하나로 꼽히는 곳이 있다. 점심시간을 이용해 열차에 올라, 무늬 있는 기모노를 입은 씨름꾼들을 지나치다 보면, 여러 층으로 이루어진 사찰 겸 묘지 '다이토쿠인 료고쿠 료엔'에 이르게 된다.

다이토쿠인 료고쿠 료엔은 전형적인 묘지라기보다는 사무실 건물처럼 보인다. 말쑥하게 차려입은 홍보 담당 여성이 우리를 로비에서 맞이하는 것부터, 이 시설은 회사 느낌이 물씬 풍긴다. 그녀는 니치료쿠사에서 일하고 있었다. 니치료쿠사는 일본 내의 장의회사 규모로는 3위이지만 실내 묘지와 무덤 판매 규모로는 제일 큰 회사였다. "우리는 실내 장례시설의 선구자입니다. 그리고 도쿄 증권거래소에 상장된 유일한 대형 장의회사입니다."라고 그녀가 설명해주었다.

나는 DIY를 좋아하는 편이라 괴짜 승려가 만든, 불상마다 빛이 나는 루리덴 납골당의 방식을 좀 더 선호하긴 하지만, 니치료쿠사의 방식도 그에 못지않게 대단하다는 것을 인정할 수밖에 없었다. 1980년대 도쿄의 땅값은 하늘 높은 줄 모르고 치솟았다.

1990년대에는 작은 무덤 하나가 600만 엔(약 6700만 원)이나 했다. 좀 더 쉽게 비용을 지불할 수 있고 접근성이 좋으며 편리한 도시 근교라는 옵션을 가진 묘지(예를 들자면 기차역 바로 옆에 있는 묘지)가 필요할 만큼 시장은 무르익었다.

물론 역에서 가깝다고 반드시 묘지가 최첨단인 것은 아니다. 관리인은 번쩍번쩍하는 검은 바닥과 머리 위의 환한 백색 빛이 밝혀진 긴 복도부터 시작해 그 건물을 한 바퀴 돌아보게 해주었다. 벽마다 유선형의 개인용 공간이 늘어서 있었고, 거기에 투명한 녹색 유리로 만들어진 사생활 보호 장치가 덮여 있었다. 전체적인 인상은 1980년대 영화에 그려진 미래 모습 같은 이미지였다.

유리 뒤에 있는 유선형 공간 속에는 전통적인 화강암 비석이 서 있었다. 각각의 비석 밑에는 교과서만 한 크기의 직사각형 구멍이 뚫려 있었다. 신선한 꽃이 꽃병에 꽂혀 있었고, 향불도 붙이게끔 되어 있었다. 관리인은 루리덴 납골당에서 쓰이는 것과 비슷한 터치 카드를 꺼냈다. 이곳에 방문한 유족들이 하는 것처럼 그는 카드를 전자 키패드에 가져다 댔다. "사쿠라 카드로 유골함을 식별할 수 있어요." 그가 설명했다. 유리문이 스르르 닫히더니 비석이 가려졌다.

무대 뒤에서 마법이 일어나고 있었다. 로봇의 한 팔이 윙 하고 둔탁한 소리를 내며 유골함 4700개 중 하나를 집어냈다. 약 1분 후 유리문이 열리고 다시 비석이 보였다. 그리고 정면에 가족의 상징과 이름이 적힌 납골함이 네모난 구멍으로 쏙 들어갔다. "중요한 점은 많은 사람들이 이 시설을 이용할 수 있다는 것이죠.

우리는 가능한 한 많은 유해를 보관할 수 있거든요." 관리인이 설명했다. 이 시설은 납골함 7200개를 수용할 수 있고, 그중 반 이상은 벌써 찼다고 한다. "만약 가족 묘지에 돌봐야 할 무덤이 있다면, 가끔 들러 꽃도 갈아주어야 하고 향도 피워야 합니다. 일이 많죠. 여기서는 우리가 그걸 다 해드립니다."

물론 계속 슬퍼하는 사람들을 위해 온라인 서비스가 있어 가상으로 성묘를 할 수도 있다. 도쿄의 또 다른 장례업체 아이캔사는 조상의 가상 비석을 컴퓨터 화면상의 푸른 벌판에 띄워, 「심즈」 게임 같은 체험을 제공한다. 사용자는 취향에 따라 가상의 향을 피울 수도, 꽃을 꽂을 수도 있으며, 묘비에 물을 뿌릴 수도 있고, 과일이나 술을 놓을 수도 있다.

아이캔사 대표는 "물론 조상들의 무덤은 직접 찾아뵙고 성묘하는 것이 가장 좋습니다."라고 인정했다. 하지만 "우리 서비스는 컴퓨터 화면 앞에서 절할 수도 있다고 믿는 사람들을 위한 것입니다."라고 말했다.

다이토쿠인 료고쿠 료엔의 마스다 주지 스님은 긴장감 없이 편안해 보였다. 야지마 스님이 그랬던 것처럼, 그도 불교에 묵은 아이디어와 새로운 아이디어를 섞는 데 전혀 거부감이 없었다.(인터뷰를 마치고 갈 때는 승복을 입은 채 자전거를 타고 휴대전화로 대화하면서 갔다.) 이 시설은 그가 맡은 사찰과 니시료쿠사의 합동 프로젝트였다. 수년간 계획하여 이 고층 묘지가 세워졌고 2013년에 대중에게 문을 연 것이다.

"자, 이 시설 보셨죠? 어떻게 생각하십니까?" 그가 짓궂게 물었다.

“여긴 내가 봐왔던 미국의 어떤 묘지보다도 더 기술에 기반을 두고 있군요.” 나는 대답했다. “그리고 여기는 모든 게 아주 깔끔해요. 묘지부터 화장로까지 모두 다요. 더 깨끗하고 덜 산업적이에요.”

“뭐, 죽음을 대하는 방식이 옛날에 비해 더 깔끔해지긴 했죠.” 그는 인정했다. “사람들은 원래 시체를 두려워했는데, 우리가 그런 인식을 없앤 거죠. 묘지가 공원처럼 말끔하고 깨끗해졌어요.”

마스다 스님 덕분에 일본과 미국의 화장 추세에 관한 긴 대화를 나누게 되었다. 일본인들이 어떻게 가족이 직접 뼈를 추려내는 고쓰아게에서 점점 멀어지고, 그 대신 시설의 직원들이 뼈를 갈아 뿌리는 것을 선호하게 되었는지에 관해 우리는 의견을 나누었다. “전통적으로 일본 사람들은 해골에 관심이 많습니다. 일본인은 당신도 아시다시피 고쓰아게라는 걸 합니다. 일본인들은 뼈를 좋아하지, 재를 원하지는 않습니다.”라고 그가 설명했다.

“그럼 뭐가 바뀐 거죠?” 내가 물었다.

“뼈를 보면 드는 느낌이 있어요. 영혼에 대한 책임감 같은 거죠. 뼈는 진짜이니까요.” 마스다 스님은 말했다. “재를 뿌려버리는 사람들은 잊으려고 그러는 겁니다. 생각하고 싶지 않은 걸 한쪽으로 밀어내려고 하는 거예요.”

“그게 좋은 일이라고 생각하시나요?” 내가 물었다.

“좋은 일이라고 생각하진 않아요. 죽음을 더 깨끗하고 세련

되게 처리하려고 할 수는 있겠지만요. 특히 대지진 이후 그리고 자살률이 매우 높아지고 있는 지금, 죽음은 우리에게 더 가까이 다가왔습니다. 심지어 열 살도 되기 전에 목숨을 끊는 사람도 있어요. 사람들은 죽음에 대해 전보다 더 많이 생각하기 시작했어요. 더 이상 그걸 모른 척할 수는 없습니다."

한때 일본인은 시신이 불결하고 불순하다며 두려워했다. 그들은 대체로 그 두려움을 극복하고 관에 든 시신을 시신 그 자체가 아니라 누구에게 속한 몸이었는지로, 즉 저주받은 대상이 아니라 사랑했던 할아버지로 보기 시작했다. 일본인들은 시신과 함께하는 의례를 도입하려 노력하고, 가족들이 시신과 함께 충분한 시간을 보낼 수 있도록 보장해주려 한다. 반면 미국 같은 나라는 정반대로 가고 있다. 미국도 옛날에는 집에서 식구들이 시체를 돌보았다. 죽음을 전문적으로 다루는 이들과 산업이 성장하기 전에는, 일본인들이 망자에 대해 가졌던 공포가 미국인에게는 없었다. 그리고 우리는 시신의 존재를 가치 있게 여겼다. 하지만 요즘 들어 우리는 망자를 불결하고 불순하게 여기게 되었고, 장례식을 치르지 않고 곧바로 화장하는 비율이 높아지면서 시체 자체에 대한 물리적인 두려움도 커졌다.

더욱이 특별한 것은 일본인들이 장례와 추모에 거리낌 없이 기술과 혁신을 도입한다는 점이다. 빛나는 불상이 있는 루리덴이나 로봇 시스템으로 유골함을 관리하는 다이토쿠인 료고쿠 료엔 같은 곳이 미국에는 단 한 군데도 없다. 미국의 장례에서는 온라인 추모사나 사진 슬라이드를 제공할 때에나 최첨단 소리를 듣는다.

일본의 장례 시장은 기술이냐 시체와의 소통이냐, 양자택일을 할 필요가 없다는 것을 서양 국가들에 보여줄 수 있다. 무엇보다 좋은 점은, 장의사가 고객들에게 두 가지 선택지를 제공하면서도 최저가를 파괴하지 않을 수 있다는 것이다. 그리고 그 어느 때보다 나는 시신을 위한 호텔, 라스텔을 원한다.

냐티타
볼리비아 라파스

폴 쿠두나리스는 코요테 털로 만든 크고 복슬복슬한 모자를 쓰고 있었다. 그 모자에는 코요테의 두 귀가 여전히 붙어 있었다. 뾰족한 검은 턱수염에 주렁주렁 매달린 황금 구슬과 모자 조합 덕분에 그는 털 제품 전시회에 가는 칭기즈칸처럼 보였다.

"도냐 엘리가 코요테 털로 만든 이 모자를 좋아할 것 같아요." 그는 설명했다. "'그녀는 자기가 기르는 고양이를 제다이처럼 차려입히거든요." 폴의 마음속에서는 이것이 아주 합리적인 연상이었다.

도냐 엘리는 라파스의 공동묘지 뒷담에서 세 블록 떨어진 곳에 살고 있었다. 그 집은 올이 다 드러난, 낡아빠진 천 한 장이 현

관문에 걸려 있는 별 특징 없는 집이었다. 큰 길가에 있는 많은 살림집이 이와 유사하게 생겼다. 골이 파인 지붕, 나무 벽, 콘크리트 바닥으로 된 집들 말이다. 하지만 도냐 엘리의 집은 67개의 두개골이 각각 어울리는 비니를 쓰고 많은 열혈 신도들을 맞이할 준비가 되어 있는 유일한 집이다.

도냐 엘리의 집에 있는 두개골 67개는 '냐티타'들이었다. 냐티타라는 이름은 '납작코' 혹은 '들창코 꼬마'라는 뜻으로, 두개골을 아이처럼 귀엽게 부르는 호칭이다. 냐티타가 된다는 것은 산 자와 죽은 자를 이어주는 특별한 힘이 있다는 뜻이다. 폴이 말했듯이 "냐티타는 인간의 두개골이어야 하지만, 인간의 두개골이라고 다 냐티타가 되는 건 아니"다.

이 두개골들은 도냐 엘리의 친구나 가족의 것이 아니다. 두개골들은 도냐 엘리의 꿈속에 나타나, 자신들의 존재를 알렸다. 그녀는 촘촘히 들어선 묘지, 시장, 고고학 발굴지, 의대에 가서 두개골을 찾아 모았다. 도냐 엘리는 그것들을 특별히 보살피는 사람으로서, 하나부터 열까지 인간에게 매사 도움을 주는 대가로 그 두개골에게 봉헌물을 바친다.

도냐 엘리는 즉각 폴을 알아보았다. 폴은 지난 11년간 라파스에서 냐티타 사진을 찍어왔다.(다시 말해두지만, 폴은 남들 눈에 상당히 띌 만한 외양을 지니고 있다.)

"기르는 고양이는 어디 있어요?" 그가 스페인어로 물었다.

도냐 엘리와 폴에게는 문화를 초월하는 연결고리가 두 가지 있다. 하나는 둘 다 두개골을 좋아하는 게 분명하다는 점이고,

또 하나는 기르는 고양이에게 독특한 옷을 입힌다는 점이다. 폴은 휴대전화를 꺼내더니 엘리에게 자기 고양이 사진들을 보여주기 시작했다. 바바는 양 끝이 위로 올라간 콧수염을 기르고 금목걸이를 하고 꼬리에 파마를 한 '캐터데이 나이트 피버'라든가 간호사 제복을 입고 청진기를 들고 있는 '플로렌스 나이팅테일' 복장을 하고 있었다.

"아아아!" 도냐 엘리는 진정으로 자기와 비슷한 사람을 알아보고 기뻐서 소리쳤다.

한편 두개골은 마치 어린이집에 있는 아기들처럼 라미로, 카를로타, 호세, 월리(찾았다!) 등 각자의 이름이 수놓인 하늘색 면 비니를 똑같이 쓰고 있었다. 모자에 수놓인 것은 원래 이름이 아니다. 두개골이 냐티타가 되었을 때 도냐 엘리가 붙인 이름이었다.

도냐 엘리가 갖고 있는 냐티타들은 하나하나가 각기 다른 성격과 재능이 있었다. 카를리토스는 의학적인 문제에 대해 도움이 필요해 찾아온 사람을 위한 두개골이다. 체칠리아는 대학생들의 공부에 도움을 주는 두개골이다. 마리아와 치엘로 등 일곱 개는 영유아의 두개골로, 어린이와 관련된 문제에 특별히 영험이 있다. 두개골들은 입에 코카 잎이 물려 있고 금 간 곳은 환한 색깔로 포장된 사탕으로 메워져 있다. 그 밖의 봉헌물로는 300여 명의 신도들이 냐티타에게 바치는 꽃, 탄산음료, 수박 여러 통, 파인애플 등이 있었다.

가장 강력하고 영험하다고 알려진 두개골 오스카는 경찰모를 쓰고 꼭대기 선반 위에 얹혀 있었다. 오스카는 18년 전에 도냐 엘리의 손에 들어온 첫 냐티타였다. "우린 그때 집을 잃었고, 일자리도 없었죠. 돈도 없었고요. 그런데 오스카가 우릴 다시 일어서게끔 도와주었어요." 도냐 엘리가 설명했다. 그는 냐티타가 기적을 행한다고 확신을 갖고 말할 수 있었다. 그 기적을 바로 자신이 체험했기 때문이다.

또 하나의 강력한 냐티타는 산드라였다. 그 이유는 알기 쉬웠다. 도냐 엘리의 냐티타 중 적어도 4분의 1은 두개골이라기보다는 미라가 된 머리였는데, 산드라는 그중에서도 가장 중요한 머리였던 것이다. 산드라는 볼이 통통하고 미소를 띤 채 보존된 머리로, 내가 본 냐티타 중에 가장 멋있었다. 입꼬리가 올라가 유쾌하게 웃고 있는 듯한 입술을 포함해, 얼굴 전체를 가죽 같은 피부가 감싸고 있었다. 양옆으로는 두껍게 땋은 희끗희끗한 머리 두 갈래가 내려와 있었다. 코까지 원래 모습 그대로였다.(이는 드문 일이고, 그래서 '들창코'처럼 보이지도 않았다.) 산드라는 특별히 여성들의 재정 거래 및 사업 분야에서 영험을 발휘했다.

폴이 가까이 다가와 산드라 사진을 찍었다. 그가 더 근접 촬영한 사진을 얻으려 애쓰는 것을 보고 도냐 엘리가 말했다. "아, 이리로 와요." 그녀는 산드라를 선반에서 꺼내더니 '산드라'라고 수놓인 비니를 벗겨 보존된 상태를 완전히 다 보여주었다. 도냐 엘리는 두리번거리더니 산드라를 클로즈업한 사진을 찍기에 더 멋진 장신구를 찾았다. 그것을 걸쳐주면서 도냐 엘리는 내게 산드라의 머리를 건네주었다.

"오, 네, 네." 나는 더듬거렸다.

산드라를 가까이 안으니 그 눈꺼풀이며 빛이 완전히 밝게 비쳐 파닥이는 속눈썹까지 볼 수 있었다. 만약 내가 미국의 어느 의학 박물관이나 역사 박물관에서 그 머리를 보았다면, 유리가 우리 사이를 갈라놓고 있었을 것이다. 그러나 이곳 라파스에서는 오직 나, 그리고 가엾은 산드라뿐이었다.

도냐 엘리는 산드라에게 씌워줄 높고 하얀 중산모를 갖고 돌아오더니 그것을 산드라의 머리에 푹 씌웠다. 폴은 스냅사진을 찍고 있었다. "오케이, 산드라를 더 가까이 붙들고 있어요. 우리가 그쪽으로 갈 테니까요." 폴이 말했다. "케이틀린, 조금 웃을 수 있어요? 지금은 너무 음침해 보여요." 폴이 내게 말했다.

"이건 진짜 산 사람 얼굴이란 말이에요. 잘라낸 인간의 머리들과 함께 활짝 웃고 있는 내 사진 같은 건 필요 없어요." 나는 말했다.

"두개골인 산드라가 당신보다 더 잘 웃고 있네요. 덜 우울한 표정 좀 지어봐요, 좀." 폴이 다시 말했다.

내가 산드라를 선반에 다시 가져다놓고 우리가 떠날 준비를 하고 나니, 청록색으로 수놓은 새 비니 한 세트가 문 옆에 쌓인 게 눈에 띄었다. 도냐 엘리의 냐티타들과 상담할 차례를 기다리던 한 여자가 설명했다. "오, 그건 매달 새로운 색깔로 바뀐답니다. 지난달에는 주황색이었어요. 이건 새 비니예요. 이 색깔 맘에 드네요. 저 두개골에 씌우면 좋겠어요."

도냐 엘리의 냐티타는 특별한 의미가 있는 수집품이다.("내가 사진 찍은 시체 안치소들도 도냐 엘리의 집보단 두개골이 적었어요."라고 폴이 말했다.) 하지만 가장 잘 알려진 냐티타들은 도냐 아나의 것이었다. 사실을 말하자면, 나는 도냐 아나를 직접 보지는 못했다. 우리가 도냐 아나를 찾아간 날은, 방 하나에 가득한 사람들이 커다란 무쇠 냄비를 빙 둘러싸고 그녀에게 하소연하려고 기다리고 있었다. 도냐 아나가 가진 냐티타들은 꿈속에서 그녀에게 얘기를 들려주었고, 문제가 무엇인지에 따라 어느 두개골에게(호세 마리아, 나초, 앙헬, 앙헬2, 그리고 아주 인기 높은 조니 중) 상담해야 할지 말해줄 터였다.

도냐 아나가 가진 스물네 개의 냐티타들은 각각 정면에 유리가 달린 상자에 담겨, 반짝이는 베개 위에 앉아 있었다. 그들은 챙을 따라서 꽃이 죽 달려 있는 사파리 모자를 쓰고 있었다. 냐티타들의 눈구멍에는 동그란 면 뭉치를 넣어놓았다. 은박지가 윗니와 아랫니를 금속 입마개처럼 덮고 있었다.

"은박지는 뭐에 쓰나요?" 내가 폴에게 물었다.

"두개골이 담배 피울 때 치아를 보호하려고요." 그가 말했다.

"그들이 담배도 피우나요?"

"그들이라고 안 피울 리 있겠어요?"

로마 가톨릭교회는 일반적으로 라파스에 냐티타가 있다는 것을 결코 달가워하지 않았다. 과거에 냐티타들의 연례 축제를 주재했던 신부들은 축복을 원하는 군중들에게 "두개골은 땅에 묻어버려야 한다."거나 "두개골을 경배하지 말아야 한다."라는 말을 공공연히 하곤 했다.

폴이 축제 사진을 찍으러 왔던 첫해에, 사람들이 마주한 것은 '교회는 두개골을 축복하지 않을 것입니다.'라고 쓰인 표지판을 내건 채 굳게 잠긴 교회의 공동묘지였다. 사람들은 거리를 행진하며 냐티타를 들고 공중에 흔들어대며 "우리는 축복을 원한다."라는 노래를 부르며 이에 반발했다. 결국 성당은 문을 활짝 열었다.

라파스의 대주교 에드문도 아바스토플로르는 특히 이 냐티타라는 것에 반대하는 목소리를 높여온 사람이었다. "음, 물론 그분은 그랬지요. 냐티타가 걸리적거렸거든요. 냐티타 때문에 대주교가 자신의 교구를 통솔할 힘이 없는 것처럼 보이게 되었거든요." 폴이 비웃듯 말했다.

가톨릭교회 입장에서는 도냐 아나와 도냐 엘리 같은 여자들이 위협일 수밖에 없다. 마법과 믿음, 냐티타 덕분에 이들은 중재자 없이도 보이지 않는 곳에 있는 힘과의 직접 연결이 가능하기 때문에, 남성 사제의 중재가 필요 없게 된 것이다. 이걸 보며 난 산타 무에르테를 떠올렸다. 멕시코 사람들이 떠받드는 죽음의 성녀 산타 무에르테는 당당한 여성이다. 이 성녀는 큰 낫을 들고, 해골 위에 선명한 원색의 긴 드레스를 걸치고 다닌다.

가톨릭교회 입장에선 슬픈 일이겠지만, 멕시코에만 1000만여 명이 있다는 산타 무에르테의 추종자들은 북쪽으로 점점 퍼져 나가 미국 남서부 지역까지 이르렀다. 이 성녀의 힘은 범법자, 가난한 사람, 성소수자, 범죄자 등 가톨릭 교단의 근엄한 품에서 떨어져 나간 사람들과 연결된다.

역사적으로 여성 신도들의 일과 역할을 묵살한 종교가 단지 가톨릭뿐이라고 단정 지을 수는 없다. 현대 불교에서 여성이 옛날보다 좀 더 평등한 위치에 있다는 점과는 다르게, 옛 경전을 읽으면 부처가 남성 승려들로 이뤄진 수행 공동체원들에게 시체 보관소까지 가서 부패해가는 여성들의 시체를 보며 명상하도록 하는 장면이 있다. 이 '부정관(不淨觀)◎'은 승려로 하여금 여성을 향한 욕망에서 벗어나도록 하는 것이다. 학자 리즈 윌슨의 글에 따르면, 여성은 "관능적인, 비틀대는 살덩이"로 여겨졌기 때문이다. 이 명상의 이상적인 목표는 여성의 시체를 보며 수행함으로써 여성에게서 관능적이고 욕구를 불러일으키는 특성들을 벗겨내고, 남성들로 하여금 여성이 단지 피, 창자, 가래로 가득 찬 살덩어리임을 자각하게 만드는 것이었다. 부처는 여성들이 노골적으로 펼치는 기만과 속임수는 화장이나 옷 같은 장신구가 아니라, 은밀하게 이 구멍 저 구멍에서 괴상한 액체를 내뿜는 가짜로 치장된 육체에서 온다고 주장했다.

물론 말없이 썩어가는 시체 보관소의 여자 시체들은 자기만의 욕구도, 욕망도 가질 수 없고 영적인 여행도 즐길 수 없다. 윌슨은 "선생 역할을 하는 그녀들은 한마디도 해서는 안 된다. 그들이 가르쳐야 하는 것은 마음속에 있는 것이 아니라 몸에서 일어나고 있는 일이다."라고 설명한다. 시체 보관소의 시신들은 그저

◎ 음욕이 많은 중생이 닦아야 하는 수행법. 육체의 부정함을 느끼고 깨달아 번뇌와 욕망을 떨쳐버리는 관법의 하나이다.

도구로써, 남성들의 망상을 깨뜨려 그들이 깨달음의 경지에 오를 수 있게 해주는 것일 뿐이다.

도냐 아나의 집에서는 그렇지 않았다. 그곳에서는 여성, 그리고 여성의 내면과 관련된 문제를 가장 중요한 것으로 보기 때문이다. 연애나 재정 문제, 집안 문제 등 어느 것 하나도 하찮은 문제로 묵살되지 않았다. 그녀는 바닥에서 천장까지 신문지로 벽을 바른 집에 살고 있었는데, 그녀의 냐티타는 그 집의 맨 앞쪽 방에 놓여 있었다. 신도들이 꽃과 초를 봉헌물로 갖다 놓은 걸 보고 폴과 나도 길거리 좌판에서 구입한, 위로 갈수록 점점 가늘어지는 흰 양초를 갖다 놓았다. 난 우리가 선물로 사온 초를 건네주기만 하면 될 줄 알았는데, 도냐 아나를 찾아온 신도 중 한 여자가 봉헌물이니 초에 불을 붙이라고 말했다. 콘크리트 바닥에 쪼그려 앉아 폴과 나는 밑에 있는 초 하나하나에 불을 밝히며, 촛농을 녹여 초가 금속판 위에 똑바로 서 있게 했다. 우리가 일을 엉망으로 하는 바람에 초가 계속 앞으로 고꾸라져서 하마터면 큰불이 날 뻔했다.

나는 우리가 봉헌물을 가져왔으니 냐티타 중 하나에게 말을 거는 것이 좋겠다고 생각했다. 나는 나초에게 말을 걸며, 미국 대통령 선거에 영향력을 발휘해달라고 부탁했다. 선거는 다음 날 있을 예정이었다. 추정컨대, 그 냐티타는 미국 정치 문제에 대해서는 권한이 없거나, 아니면 영어 실력이 녹슨 게 아닐까 싶다.

한 젊은 여자가 어린 남자애를 품에 안고 냐티타들 틈에 앉아 있었다. "난 여기에 처음 왔어요. 친구가 대학교 문제에, 그리고 내 아들을 안전하게 지키는 데 도움이 될 거라고 해서 온 거예요."라고 그녀가 고백했다.

어느 날 저녁 식사를 하는데, 폴의 친구이자 라파스 출신 예술가인 안드레스 베도야가 내게 경고하기를 "이곳 볼리비아 사람들이 모두 동일한 문화에 속해 있다고 생각하는 실수를 해선 안 된다."는 것이었다. 그가 가장 최근에 만든 작품은 매장용 수의였다. 가죽, 손톱, 골든 디스크 수천 개를 써서 직접 수제로 만든 것으로 한 벌 짓는 데 다섯 달이 걸렸다고 했다. "볼리비아의 장인들은 때때로 그들의 작품이 '진정한' 예술이 아니라고 무시당합니다. 하지만 물론 그들의 작품은 예술이고, 난 그들이 만든 것에서 영감을 받죠."

안드레스는 박물관과 화랑에 전시하려고 수의를 지었다. 이 '망자를 위한 옷'을 지으면서 그는 자기 자신의 슬픔과 남들의 슬픔을 의례로 만들었다. 그는 실제로 누군가에게 수의를 입혀 묻는 것에 반대하지는 않겠지만 아직은 그럴 때가 아니라고 말했다. 볼리비아 사람들의 인종이 단일한 것은 아니지만, 라파스 주변의 장례 풍습은 정해진 패턴을 따르는 경향이 있다. 유가족은 집이나 장의사 응접실에서 종일 엄숙하게 시신을 지킨다. 가족들은 십자가와 함께 환하게 빛나는 형광 자줏빛(볼리비아에서는 죽음의 색) 꽃으로 장식된 관을 지역 배송 서비스를 이용해 옮긴다. "타오르는 듯한 자주색이 조잡하고 천박해 보인다는 사람도 있지만 나는 이 색이 좋아요."라고 안드레스가 말했다. 매장은 그다음 날 이루어진다. 관을 장의차 뒤에 싣고 나면 묘지로 운구해간다.

안드레스의 어머니는 22년 전에 돌아가셨는데, 화장해달라는 것이 생전 본인의 바람이었다. 라파스에서 화장은 점점 많은 이들이 택하는 추세이지만, 최근까지도 라파스에서 효율적으로 화장하기란 어려운 일이었다. 해발 3.6킬로미터에 위치한 라파스는 세계에서 고도가 가장 높은 곳에 있는 수도이다. "예전에는 화장로를 충분히 뜨겁게 가열할 수 없었고, 산소도 충분치 않았거든요."라고 안드레스는 설명했다. 오늘날의 화장로는 이보다 높은 온도까지 올라가고, 시체를 완전히 화장할 수 있다.

기술을 마음대로 사용할 수 있는 지금, 안드레스는 어머니 시체를 무덤에서 파내 본인이 바랐던 대로 화장해드릴 생각을 하고 있었다. 유감스럽게도, 묘지에 그가 가서 어머니의 시체가 맞는지 직접 확인해야만 했다. "물론 어머니를 매장할 때 무슨 옷을 입혀드렸는지는 기억이 나죠. 하지만 어머니 뼈는 기억하지 않는 게 더 낫겠어요. 그런 기억까지 갖고 살 필요는 없지요." 그가 말했다.

안드레스가 냐티타 문화를 탐구하게 된 것은 죽음에 대한 관심 때문이다. 마침 11월 8일은 냐티타 축제이고, 냐티타 주인들에게는 두개골을 갖고 나와서 전시할 좋은 기회이다. 이 축제는 두개골의 주인이 아니라 두개골을 위한 것으로, 한 해 동안 냐티타들이 한 일에 대해 존경과 인정을 확인하는 자리이다. "감성적이고 낭만적인 경향이 짙은 사람들은 축제 전체가 원형 그대로 남아 있어야 한다고 말하기도 해요. 물론 정말 그렇게 되었다면 당신이나 나는 축제 근처에 얼씬도 못 했겠죠."라고 안드레스가 말했다.

전 세계에 알려진 것은 아니지만 "이 냐티타 축제는 현지에서 거의 대중문화의 영역에 근접했다고 볼 수 있어요." 그가 이어서 설명했다. 지금 냐티타 축제가 열리는 중앙 공동묘지는 한때 부자들을 위한 묘지였다. 그러나 부자들의 묘지가 남쪽으로 옮겨간 후, 시 당국은 이곳을 다시 활성화하기 위해 최근 많은 노력을 기울였다. 거리 미술가들에게 의뢰해 묘지 벽면을 꾸미고, 지역 관광산업을 활성화한 것이다. 만성절에 야간 연주 공연이 펼쳐지고, 여기에 지역 주민 수천 명이 모여든다.

냐티타가 라파스에 계속 남아 있는 것은 아이마라족 때문이다. 아이마라족은 볼리비아에서 두 번째로 많은 원주민 집단이다. 이들에 대한 차별은 오랜 세월 만연해왔다. 20세기 후반까지만 해도 도시에 사는 아이마라족 여성들('촐리타'라고 알려진 사람들)은 정부 사무실이나 식당, 버스에 출입이 금지되었다. "한마디로 볼리비아는 여자가 살기에 안전한 나라가 아닙니다." 안드레스가 말했다. "볼리비아는 남아메리카의 최빈국입니다. 우리에게는 특이한 단어가 하나 있는데 '페미니시디오', 즉 '여성 살해'입니다. 여성을 겨냥한 살인이라는 뜻입니다. 여자들은 여자라는 이유로, 대개 자기와 같이 사는 남자의 손에 죽어가고 있어요."

물론 지난 10년간 피부로 느껴질 만큼 이 문제는 개선이 되었다. 볼리비아 대통령 에보 모랄레스는 아이마라족으로, 볼리비아 내 여러 종족 사이의 평등이 그가 내세운 주요 공약이었다. 촐리타들은 여러 겹으로 겹쳐 입는 치마, 숄, 머리에 대충 써서 흔들거리는 중산모까지 그들만의 패션을 포함해 촐리타의 정체성을 되찾기를 원하고 있다. 그들은 또한 노예가 아니라 언론인과 정부 직원으로서 공적 분야에도 진출하고 있다. 냐티타 축제가 끝나고 묘지가 문을 닫을 때, 촐리타들은 곳곳에서 벌어지는 파티에 가는 길에 거리에서 민속춤을 춘다. "작년에는 이 굴종이라는 개념에 얽매인 그들의 옷차림을 군복 무늬로 표현했죠. 남자들은 심기 불편해했죠." 축제에서 춤추는 여자들 사진을 찍은 안드레스가 웃으며 말했다. "라파스에서 민속이란, 역사 속에 묻혀 있는 것이 아니에요. 그건 지금 이 시대의 것이죠. 계속 새롭게 개혁되고 있고요."

아이마라족과 냐티타를 받아들이는 사람들이 늘어났음에도 불구하고, 볼리비아 사람들에게 혹시 냐티타를 집에 두거나 냐티타의 힘을 믿느냐고 물으면 아직도 "오, 아뇨, 아뇨, 아뇨, 냐티타는 무서워요!"라고 말하는 사람이 많다. 그들은 남들 눈에 타락한 가톨릭 신자로 보이고 싶지 않은 것이다. 아직도 이 관행에는 겉으로는 보이지 않는 이면이 있다. 공개적으로 드러난 것보다 훨씬 많은 볼리비아 사람들이(심지어 척추지압사나 은행원 같은 전문직 계층도) 집에 냐티타를 가지고 있다.

"냐티타 주인들은 성당에 나가는 가톨릭 신자들이랍니다." 폴이 말했다. "냐티타가 있는 집에 사진 찍으러 갈 때마다 예수와 성모 마리아의 그림이 벽에 걸려 있지 않은 집이 없었어요."

"솔직히 말해, 볼리비아가 이렇게 이상한 것도 부분적으로는 그 때문이죠." 안드레스가 말했다. "최근에 나는 한 친구와, 우리는 가톨릭과 민속 신앙의 '혼합물'이 아니라는 주제로 토론한 적이 있어요. 그 둘은 끈끈하게 엉겨 붙어 있는 것에 가깝죠." 그는 두 손등을 겹쳐 요상한 괴물 같은 모양을 만들어 보였다. "내 여동생의 사무실에는 아직도 그곳을 청소하러 들어오는 '야티리(치유자 혹은 병을 고치는 마녀)'가 있지요. 우리 아버지는 지질학자였어요. 그래서 어렸을 때 난 아버지와 함께 광산을 찾아가곤 했죠. 그런 여행 중 한번은 광부들의 요구로 라마를 재물로 잡아 바치는 것을 직접 목격한 적이 있어요. 그들은 지하세계를 다스리는 '엘 티오' 신을 행복하게 해주고 싶었던 거죠. 이러한 마법의 명맥이 아직도 도처에 이어지고 있답니다."

11월 8일 아침, 시메나는 미키 마우스와 도널드 덕이 축구하는 모습이 그려진 손가방을 일반 묘지에 있는 성당 외부의 콘크리트 입구에 놓았다. 그리고 냐티타 네 개를 하나씩 꺼내 나무판 위에 올려 놓았다. 나는 그녀에게 이 냐티타들을 소개해달라고 했다. 가장 오래된 두개골은 자기 삼촌 루카스의 것이라고 했다. 두개골은 보통 생전에 알지 못하던 사람의 것이던데, 때로는 가족 중 한 사람의 것일 수도 있는 모양이다. "두개골은 내 집에 강도가 들지 않게 지켜주거든요." 그녀는 설명했다.

시메나가 가진 냐티타는 저마다 털실로 짠 비니 모자를 쓰고 화환을 왕관처럼 걸치고 있었다. 그녀는 몇 년 동안 그것들을 냐티타 축제에 가져왔다. "냐티타에게 감사를 전하기 위해 가지고 오시나요?" 나는 물었다.

"음, 그들에게 감사한다라……. 맞아요. 하지만 그보다는 오늘이 그들의 날이라고 해야 맞아요. 그들의 축제죠." 그녀가 정정했다.

대화를 나누던 중 성당 앞문이 열리더니, 군중이 두개골을 들고 가능한 한 제단에 가까이 오려고 앞다투어 몰려들었다. 새로 온 사람들은 신자석에서 망설이고 머뭇거리며 뒤로 물러섰지만, 경험 많은 할머니들은 앞으로 뚫고 나가 친구들의 두개골을 건네며 파도타기하듯이 여러 사람 손을 거쳐 두개골이 앞쪽까지 갈 수 있게 도왔다.

제단 왼쪽에는 실물 크기의 예수상이 유리 상자 안에 들어 있었다. 예수의 이마와 양 볼에서는 피가 철철 흐르고 있었고, 피 흐르는 두 발이 자주색 천 밑으로 튀어나와 있었다. 냐티타 하나를 판지로 된 초콜릿 웨하스 상자에 넣어 들고 있던 여자가 예수 발치에 멈추어 성호를 긋더니 군중을 헤치고 제단을 향해 나아갔다.

볼리비아의 냐티타 신앙과 가톨릭교회는 논쟁의 여지가 많은 관계를 맺고 있지만, 오늘 군중 앞에 선 신부는 놀랍게도 유화적인 어조로 말했다. "믿음이 있다면, 그 누구에게도 대답할 필요가 없습니다. 우리 각자에게는 서로 다른 이야기가 있습니다. 이것은 어찌 보면 생일 축하와도 같은 겁니다. 우리가 함께 모여서 나는 행복합니다. 이건 행복의 작은 한 조각입니다." 신부는 말했다.

내 옆에 군중 속에 끼어 있던 한 젊은 여자가, 두개골을 인정하는 듯한 신부의 발언을 이런 식으로 설명해주었다. "이 축제는 이제 너무 커져서, 가톨릭교회조차도 고개 숙이고 받아들일 수밖에 없는 거죠."

두개골을 가지고 온 사람들이 성당 양쪽 문으로 줄지어 나갔다. 문마다 큰 양동이에 성수가 가득 차 있었다. 성수가 잔뜩 묻은 플라스틱 장미꽃 성수채가, 냐티타가 지나갈 때 살수기처럼 성수를 뿌려주었다. 어떤 냐티타는 선글라스를 쓰고 있었고, 왕관을 쓴 냐티타도 있었다. 어떤 냐티타에게는 정교하게 만들어진 전용 제단이 있었다. 또 어떤 것은 골판지 상자에 담겨 있었다. 한 여자는 직물로 만든 도시락 보냉 가방에 아기 냐티타를 넣어 놓고 있었다. 냐티타들은 저마다의 축복을 받게 된 것이다.

볼리비아에서만 두개골이 신도와 신을 이어주는 것은 아니다. 아이러니하게도 이 풍습을 멸시하는 가톨릭교에서도 과거에 이와 비슷한 경우를 확인할 수 있다. 바로 유럽의 가톨릭 신자들이 성인들의 유해와 뼈를 1000년 이상 신과 인간을 잇는 중재자로 이용해왔다는 사실이다. 그 목적으로 보면, 내가 몇 년 전에 이탈리아 나폴리 여행길에서 만난 두개골과 냐티타의 경우가 크게 다르지 않았다.

"영국 분이세요?" 나폴리에서 만난 택시 운전사가 물었다.

"영국인에 가까워요."

"그럼 네덜란드 분?"

"미국인이에요."

"아, 미국인! 어디로 가시게요?"

"폰타넬레 묘지요……." 여기서 나는 내 뒤틀린 여정을 그와 상의했다. "폰타넬레 묘지를 거쳐서 마테르데이로 갈 거예요."

백미러로 택시 운전사의 눈썹이 치켜 올라가는 것이 보였다.

"카타콤이요? 묘지요? 안 돼요, 안 돼. 안 가는 게 좋을 걸요." 그는 부득부득 우기며 말했다.

"안 가는 게 낫다고요? 거기 오늘 문 닫나요?" 나는 물었다.

"당신은 꽤나 젊은 숙녀잖아요. 휴가 오신 거 아닌가요? 카타콤에 가고 싶어 하지 않았으면 좋겠네요. 거긴 당신이 갈 곳이 아니에요. 내가 해변으로 태워다 드릴게요. 나폴리에는 아름다운 해변이 많답니다. 어느 해변으로 모실까요?"

"전 별로 해변 타입은 아닌데요." 내가 설명했다.

"그럼 카타콤 타입인가요?" 그가 뒷자리를 향해 쏘아붙이듯 말했다.

그가 이왕 언급했으니 말인데, 나는 카타콤을 더 선호했다. 말하자면 죽은 사람 외에도 누구든 카타콤 타입이 될 수 있다면, 나는 카타콤 타입이란 뜻이다.

"감사해요. 하지만 폰타넬레 묘지로 가주세요."

그는 어깨를 으쓱하더니, 나폴리의 구불구불한 자갈 언덕길을 속력을 내 올라갔다.

폰타넬레를 묘지라 부르는 것은 실망스러운 일이었다. 실제로는 하얗고 널찍한 지하 동굴, 정확히 말해 응회암 채석장보다 조금 나은 정도였으니 말이다. 여러 세기 동안 이 응회암 동굴은 17세기의 흑사병 희생자부터 1800년대 중반에 콜레라로 사망한 사람까지, 나폴리의 가난하고 이름 없는 망자를 묻는 무덤으로 사용되었다.

1872년에 가에타노 바르바티 신부는 폰타넬레 묘지에 쌓인 뼈들을 정리하고 순서대로 모으고 분류하고 목록을 작성하는 것을 자신의 사명으로 삼았다. 나폴리시에서 자원봉사자들이 이 일을 도우러 왔다. 그들은 한쪽 벽에 두개골을, 다른 한쪽 벽에는 골반뼈를 쌓는 일을 하면서 착한 천주교도들이 으레 그렇듯, 이름 없는 망자를 위해 기도했다. 문제는 두개골을 놓고 기도하는 사람들이 거기서 멈추지 않았다는 것이다.

자발적으로 이름 없는 두개골을 둘러싸고 헌신적인 숭배가 일어났다. 이 지역 사람들은 그들의 '페젠텔레', 즉 '가엾은 사람들'을 찾아 폰타넬레 묘지에 오곤 했다. 그들은 몇몇 두개골들을 '골라' 깨끗이 닦고 그들을 숭배하는 사당을 세우고 봉헌물을 갖다 놓고 잘되게 해달라고 빌곤 했다. 새 이름을 갖게 된 두개골은 주인의 꿈속에 나타나곤 했다.

가톨릭교회는 이런 현상을 달가워하지 않았다. 1969년에는 나폴리 대주교가 망자 숭배는 '이단'이며 '미신'이라는 칙령을 내리고 이 묘지를 폐쇄하기까지 했다. 교회에 의하면, 연옥에 갇힌 영혼들(이곳에 있는 이름 없는 망자들 같은)을 위해 기도할 수는 있지만, 이름 없는 망자들이 산 자에게 호의를 베풀 만한 특별하고 초자연적인 힘을 가진 것은 전혀 아니었다. 산 자들은 자신의 삶이 달라지길 바라며 간청했다.

학자 엘리자베스 하퍼는 망자를 숭배하는 움직임이 사회적 갈등의 시기에, 특히 질병이나 자연재해나 전쟁에서 주로 피해자가 되는 여성들 사이에서 가장 강력하고 눈에 띄게 크게 생겨난다고 지적했다. 가장 중요한 요인은 이 여성들이 "가톨릭교회 내에서 권력과 자원에 접근할 수 없는 사람들"이라는 점이다. (이와 똑같은 생각을 한 사람이 바로 안드레스 베도야였다. 그는 미국에서 1만 461킬로미터나 떨어진 라파스에 살면서, 냐티타가 "남성들의 가톨릭교회를 통해서는 저 너머의 세계와 연결이 제대로 되지 않았던 여성들에게 특히 영험이 있다."고 묘사한 예술가였다.)

가톨릭교회가 2010년에 폰타넬레 묘지를 다시 연 뒤로 경계를 늦추지 않고 살피기는 했지만, 망자 숭배는 사라지지 않았다. 백골의 바다 속에서 여러 가지 색채가 뿜어져 나왔다. 형광 플라스틱 묵주, 붉은 유리 양초, 갓 주조한 황금색 동전들, 기도문 카드, 플라스틱 예수상, 심지어 복권까지도 다 이 폐허에 뿌려졌던 것이다. 망자 숭배를 하는 새로운 세대는 여기서 가장 강력한 '페젠텔레'를 발견했다.

오전 11시쯤, 냐티타 축제에는 사람들이 꽉 들어찼다. 무덤이 늘어선 줄에는 축복받은 냐티타들이 줄지어 놓여서, 코카 잎이나 꽃잎 등의 봉헌물을 받았다. 경찰이 묘지 정문을 순찰하며, 혹시 술을 담은 가방이 있는지 확인하고 있었다. 주취 폭력으로 새로운 냐티타가 생겨나기도 하기 때문이다. 술이 없으니 두개골들은 다른 악덕에 빠져야 했다. 담뱃불이 타르에 찌든 냐티타의 이빨 사이로 타올랐다.

"저 두개골들이 흡연을 즐기는 것 같나요?" 나는 폴에게 물었다.

"음, 그런 것 같은데요."라고 폴이 대수롭지 않게 말하더니, 아까 그 코요테 모자를 쓰고 군중 속으로 모습을 감추었다.

한 여자가 아코디언, 기타, 나무 드럼이 실시간으로 연주하는 시끌벅적한 소리에 맞춰 냐티타를 들고서 허공을 찌르고 엉덩이를 흔들어대며 춤을 추고 있었다. 이날은 두개골의 날이자 두개골을 축복하는 날이었으니까.

한 남자가 자기 아버지의 두개골과 함께 앉아 있었다. 옛날에 그의 아버지는 이 묘지에서도 바로 이곳에 묻혔다고 했다. 이 말을 들으니 궁금해졌다. 아버지가 여기 묻혔다면 어떻게 아들이 그 두개골을 갖고 있는 것일까? 지금은 금속 테 안경을 쓰고 머리에 일곱 개의 화관을 쓰고 있는 그 두개골을 말이다.

내가 그 묘지를 가로질러 걸어가니, 박살 난 유리와 콘크리트 덩어리로 둘러싸인 빈 무덤들이 있었다. 무덤 정면에 누렇게 변한 종잇조각들이 붙어 있었다. 거기에는 "최종 경고: 분묘. 1월 4일, 고인의 유족에게(여기에 이름이 삽입되어 있다.)……."라고 쓰여 있었다. 그다음에는 가족들이 아버지의 시신을 이 묘에 묻어두면서 사용료를 지불하지 않았다는 메시지가 적혀 있었다. 그 결과 시신은 퇴거 처분을 받았다. 아마도 그는 공동 무덤에 들어가게 될 것이다. 아니면 이젠 백골이 되었으니 그는 가족들에게 돌아가 냐티타가 될 수도 있었다.

내가 몸을 굽히고 미라가 된 냐티타(엘비스 프레슬리의 1집 「스니어(SNEER)」 자켓 사진에 실린 것처럼 비웃는 표정을 짓고 있었다.)를 살펴보고 있을 때, 내 또래 여자 하나가 옆걸음으로 내게 다가왔다. 거의 완벽한 영어로 그녀가 말했다. "그러니까 당신은 바다 건너에서 왔단 말이죠? 당신은 이렇게 생각하겠네요. '대체 이게 다 뭐람?'"

그 여자의 이름은 모이라였고, 집에 두 개의 냐티타를 모시고 있는 남자 친구와 함께 매년 이 축제에 온다고 했다. 친구의 첫 냐티타이자 가장 강력한 냐티타는 꿈속으로 그를 찾아왔다고 했다. 꿈에서 냐티타는 시골에서 그를 기다리고 있겠다고 알려주었다. 그래서 그는 시골에 갔고 정말 그 냐티타를 찾아서 '디오니'라고 이름 지었다. 그다음에는 '후아니토'라는 냐티타가 왔다. 사람들은 1년 내내 이 두 냐티타를 보러 그의 집으로 온다.

"내 여동생이 기르던 고양이를 잃어버렸어요. 동생은 혼자 사니까, 그 고양이가 자기 애나 다름없지요. 나흘간 그 고양이는 돌아오지 않았어요."

그녀의 여동생은 냐티타 디오니에게 가서, 사랑하는 고양이를 찾고 있으니 제발 도와달라고 부탁했다. 꿈에서 디오니는 고양이가 버려진 차 뒤편에 있는데, 그 차 안에는 식물이 자라고 있다고 알려주었다.

"동생 집 뒤쪽 언덕배기에 속이 빈 차 한 대가 있어요. 그 차는 15년 동안 거기 버려져 있었죠. 거기에 그 바보 같은 고양이가 있더라고요. 차 뒤편에 있는 배기구에 끼여서 꼼짝달싹 못하는 채로요!"

"이게 일주일 전 얘기예요. 그리고 자기 고양이를 안전하게 보호하려고, 내 여동생은 디오니에게 고양이를 확실히 놀라게 해서 그 녀석이 다시는 도망가지 않게 해달라는 부탁도 했어요. 이제 고양이는 뜰 경계를 표시해놓은 울타리 밖으로는 나가지도 않아요. 마치 끈으로 매서 뒤로 확 잡아당긴 것처럼 말이죠." 모이라가 설명했다.

정말 두개골의 힘 때문에 그 고양이를 찾았다고 모이라가 믿고 있는 것인지 궁금했다. 모이라는 잠시 생각에 잠겼다. "그건 사람들이 냐티타에게 부탁할 때 갖는 믿음 때문이에요. 중요한 건 그 믿음이죠."

모이라는 더 오래 생각하더니 활짝 웃으며 이 말을 덧붙였다. "이게 우연인지 아닌지는 말할 수 없어요. 어쨌든 우린 고양이를 찾았잖아요!"

기도에 대해 어떤 응답을 받았든 그것은 우연의 일치로 볼 수도, 혹은 그렇지 않을 수도 있다. 그러나 나는 냐티타에게 정말로 마법적인 힘이 있는지 아닌지 그 여부를 가리려고 라파스에 간 것이 아니다. 내가 더 관심을 가진 것은 도냐 엘리와 도냐 아나 같은 여성들, 또 이 축제에 온 수백 명의 여성들이다. 그들은 죽음과 편안한 관계를 맺고 있다는 걸 이용해, 신성에 직접 접근할 수 있는 독점권을 가톨릭교의 남성 지도자의 손에서 빼어왔다. 폴이 직설적으로 말했듯 두개골은 "가진 것 없는 사람들을 위한 기술"이다. 사랑이든, 가족 문제이든, 학교 문제이든, 냐티타는 그 어떤 문제도 별것 아닌 일로 치부하지 않는다. 냐티타 앞에서는 모두가 공평한 존재인 것이다.

자연장
미국 캘리포니아주 조슈아트리

때때로 전 세계를 돌며 시신을 찾아보고 나면, 마음에 남는 가장 소중한 시신은 바로 내 집 뒤뜰에 있다는 것을 깨닫는다. 로스앤젤레스로 돌아오니 내가 몸담고 있는 장의사와, 이곳에서 인고의 시간을 보내며 기다려준 장례지도사 앰버가 날 반겨주었다. 앰버는 내가 장의사를 잠시 떠나 볼리비아에서 두개골에게 자금 지원이 더 잘 되게 해달라고 빌고 있을 동안, 나 대신 화장이 수월하게 진행될 수 있도록 돕고, 슬픔에 빠져 경황이 없는 유가족을 위로하고 있었다.

내가 몸담은 로스엔젤레스 장의사에서는 셰퍼드 여사의 시신을 방부처리하지 않고 시신이 땅속에서 자연스럽게 부패하고 분해되는 자연장을 진행할 예정이었다. 여행하면서 본 바에 영감을 받아, 나는 일터에 새로운 목적의식을 갖고 돌아왔다. 나는 슬픔에 빠진 유가족들이 죽은 여인에게 공작새 깃털과 종려나무 잎사귀가 나란히 수놓인 수의를 입히며 사랑을 담아 장례를 준비하는 걸 상상했다. 그러면 우리는 새벽에 촛불을 들고 꽃잎을 뿌리며 기도문을 읊으면서 무덤까지 행진을 인도할 터였다.

그런데 장례의 현실은 그렇지 않았다.

우리가 셰퍼드 여사를 시체 준비실로 꺼내올 때쯤 그녀는 이미 죽은 지 6주나 지나 있었고, 로스엔젤레스 검시관 사무소에서 냉장되어 비닐에 싸인 상태였다. 앰버와 내가 양옆에 서서 그 비닐을 밀봉한 지퍼를 내렸다. 셰퍼드 여사 양쪽 눈 밑에 곰팡이가 퍼져 목으로 흘러내려 어깨까지 가 있었다. 배는 시퍼렇게 떠서 폭삭 주저앉았다.(짙푸른 색으로 변한 것은 붉은 혈액 세포들이 파괴되어서 그렇다.) 양쪽 종아리에서 피부의 껍데기 층들이 벗겨져 나왔다. 비닐 안은 늪같이 끈적끈적했고, 셰퍼드 여사는 자기 피와 체액이 흥건히 고인 그 속에 누워 있었다.

우리는 셰퍼드 여사의 시신을 그 비닐 감옥에서 꺼내 깨끗이 씻겼는데, 비눗물이 강철 탁자로 미끄러져내려 시신의 발 옆에 난 작은 구멍으로 흘러 없어져버렸다. 앰버가 머리를 감겼는데, 원래 백발이었지만 지금은 두피에 피어난 곰팡이 주위에 염색약이 작용하도록 하기 위한 최선책으로 금발 섞인 갈색으로 물들인 상태였다. 우리는 묵묵히 일했다. 시신의 부패 상태에 대한 그 무언가가 그 어느 때보다도 할 말을 잃게 했다. 셰퍼드 여사의 몸을 두드려 닦고 나자, 체액이 줄줄 새는 것이 이걸로 끝이 아니라는 게 명확해졌다. 만약 우리 '언더테이킹 LA'사가 일반적인 영안실에서 시체를 염하고 준비하는 전형적인 장의사였다면, 우리는 당장 소매를 걷어붙이고 이 '액체가 잔뜩 새는 현상'을 막기 위해 우리가 아는 모든 수단과 요령(랩, 기저귀, 화학용품, 심지어 발끝에서 머리끝까지 시체를 뒤집어씌울 수 있는 비닐 덮개까지)을 총동원했을 것이다. 하지만 자연장을 하는 묘지에서는 이렇게 화학적으로 누수 방지 처리가 된 매장용 시체를 받아들이지 않는다.

우리는 체액이 새지 않을 만큼 시체를 충분히 감쌀 수 있기를 바라며 셰퍼드 여사의 시체를 움직여 바로 수의를 입혔다. 앰버는 염색하지 않은 무명천을 손수 바느질해서 수의를 지었다. 여사의 유가족은 돈이 별로 없어서, 우리는 될 수 있는 대로 장례 비용을 낮춰주려고 노력했다. 그 전날 나는 앰버가 보낸 이메일을 받았는데, 그건 조앤 원단 회사에서 광고 문구를 넣어 보낸 영수증을 찍은 사진이었다. "조앤사 포인트를 사용하면, 가족들이 수의 비용을 40퍼센트나 절약할 수 있습니다!" 이렇게 완성된 수의는 타이와 손잡이까지 딸려 있어 매력적이고 완벽했다.(비록 공작새 깃털이나 종려나무 잎사귀는 수놓이지 않았지만 말이다.)

우리는 수의를 입힌 셰퍼드 여사를 밴 뒤에 실어 로스앤젤레스 동쪽으로 두 시간 반을 운전해서 갔다. 가면서 내륙 제국(톨킨의 작품에 나올 법한 이름 같지만, 실상은 교외에 있는 땅떼기들을 지칭하는 말로, 혹시 이 이름에서 톨킨스러운 무언가를 기대했다면 실망할 것이다.)을 지나 결국 모하비 사막에 이르렀다. 풍경이 달라져서가 아니라, 인지도가 낮은 연예인이 교대로 등장해 홍보하는 카지노 광고판을 보고서 사막에 다 왔다는 것을 알았다.(이 특별한 드라이브에 함께한 이들이 누구냐 하면, 마이클 볼턴◎과 루다크리스◎◎이다.) 그러고 나서 주위를 둘러보니 어느덧 정말 사막에 도착해 뾰족한 가지들이 닥터 수스◎◎◎의 동화책에서처럼 제멋대로 하늘을 찌를 듯 자라난 조슈아 나무(학명은 유카 브레비폴리아)들 사이에 있는 나를 발견하게 되었다.

사실 조슈아트리 추모공원이 처음부터 자연장 묘지로 조성된 것은 아니었다. 하지만 다양한 매장 방식을 수용하면서도 유독 자연장 방식은 도입하지 않았던 다른 많은 묘지들이 이제 와서 자연장을 도입하는 데 반해, 이곳은 한참 전부터 공원의 토지 일부를 자연장을 위해 조성해둔 것이다. 로스앤젤레스에 사는 유가족들은 조슈아트리 추모공원이 멀어서 올 엄두를 내지 못하는 경우가 많다. 로스앤젤레스 사람들은 고인을 좀 더 가까운 곳에 두기를 원하지만, 집 가까이 어디에 둘 것인가? 집 가까이 둘 수 있는 곳이 있는가? 로스앤젤레스에서 유명한 사람들이 묻힌 곳 중 하나인 포리스트론 추모공원은 관을 둘러싸는 무거운 납골함을 꼭 구매해야 한다는 조건이 있으며, 자연장을 위한 부지를 제공하지는 않는다. 단 유대인과 이슬람교도들은 예외로 한다. 왜

◎ 미국의 가수 겸 작곡가.
◎◎ 미국의 래퍼 겸 영화배우.
◎◎◎ 미국의 동화 작가. 굉장히 독창적이고 창의적인 작품들을 남겼다.

냐하면 유대교와 이슬람교 모두 종교적 풍습에 따라 시신을 자연장해야 하기 때문이다. 그러나 이 경우에도 납골함의 콘크리트에 구멍을 몇 개 뚫어 상징적으로 시체에 흙이 떨어져 들어가게 해 자연장 흉내를 낼 뿐이다.

최근 산타모니카의 우드론 묘지 일부에 자연장을 위한 구역이 개장되었다. 하지만 그곳을 이용하려면 자연장이 더 수월한 방식임에도 불구하고 '녹색' 프리미엄으로 몇천 달러를 내야 한다.(이걸 알고 좌절한 당신이 방에 가서 베개에 얼굴을 파묻고 악 소리를 지른다면, 그러는 동안 기다려주겠다.)

조슈아트리 묘지의 자연장 구역은 2010년에 개장했다. 낮은 나무 울타리를 둘러친 땅뙈기에 60개 묘역을 따로 두었는데, 그중 40개는 이미 찼다. 자연장 구역은 주변의 광활한 사막에 비하면 매우 작지만, 현대의 매장 정책이 얼마나 터무니없는지 좀 더 여실히 조명해준다. 옛날에는 세상 어디든 매장지가 될 수 있었다. 그때는 시체를 농장이나 목장, 혹은 지역 성당 뜰을 비롯해 정말로 원하는 곳이면 어디든지 묻었다. 아직도 어떤 주는 사유지에 시체를 매장하는 것을 허용하고 있다. 하지만 캘리포니아주는 그렇지 않으므로, 우리는 매장할 시신을 사막의 작은 땅뙈기까지 가축처럼 몰고 가야만 하는 것이다.

내가 일본에서 만난 마스다 주지는 미국의 화장률이 높아지고 있는 이유 중에, 사람을 묻을 땅이 부족하면 어쩌나 하는 두려움이 어느 정도 있는 것 같다는 말을 들었다고 했다. 그는 이 동기를 이해하지 못했다. "일본인인 내가 보기에 미국은 큰 나라입니다. 어디에나 땅이 많으니, 이런 큰 묘지와 무덤을 만드는 것이 아주 쉽겠지요."

어떤 사람들은 '자연 친화'적인 매장을 상상하며 그런 정책이 글자 그대로 이루어져야 한다고 한다. 녹색의 구릉진 언덕이나 울창한 숲, 버드나무 밑 같은 곳에 매장하는 것 말이다. 연필 모양을 한 선인장, 갈색 크레오소트 관목◎이 모래흙을 뚫고 싸우듯이 자라나는 사막의 조슈아트리 묘지는 신비로운 재생의 장소라기보다는 척박한 땅으로 보인다.

하지만 사막은 늘 거칠고 반항적인 것을 길러왔다. 얼터너티브 컨트리 음악가 그램 파슨스가 조슈아트리에 있는 호텔 방에서 헤로인, 모르핀과 술을 한꺼번에 과다 복용해 죽었을 때, 그는 고작 스물여섯 살이었다. 그의 성질 고약한 계부(라고 스스로 주장하는 사람)는 파슨스의 시체가 뉴올리언스로 운반되기만 하면 시체를 보유한 자기가 그의 재산을 마음대로 할 수 있을 거라고 생각했다.

죽은 파슨스의 죽마고우 필 코프먼에게는 다른 계획이 있었다. 파슨스가 살아 있을 때, 두 사람은 "만약 둘 중 한 사람이 먼저 죽으면 살아남은 사람이 죽은 사람의 시체를 가지고 조슈아트리 사막까지 가서 술을 좀 마시고 화장해주기"로 약속했다. 코프먼은 이를 지키기 위해 파슨스의 시체를 빼돌리려는 계획을 세웠다.

◎ 남가새과 상록 관목으로, 북미 대륙에서 중앙아메리카로 이어지는 사막에 서식한다.

코프먼과 파트너는 매력과 술기운의 뻔뻔함을 발휘해 로스앤젤레스 국제공항에서 파슨스의 관을 간신히 추적해서, 그 관이 뉴올리언스행 비행기에 짐으로 부쳐지는 것을 막았다. 그들은 파슨스 가족의 생각이 바뀌었노라고 항공사 직원을 설득해냈다. 이 2인조는 심지어 경찰관과 항공사 직원의 도움을 받아 파슨스의 시체를 임시변통한 영구차(자동차 번호판도 없고, 차창은 다 깨지고, 독한 술로 가득 찬)에 실어 운구했다. 그들은 파슨스를 허름한 차 뒤에 싣고 덜컹거리며 운전해 로스앤젤레스를 벗어났다.

조슈아트리 국립공원의 경계를 이루는 캡록에 이르자 그들은 관을 꺼내 파슨스의 시체에 기름을 붓고 불을 붙였다. 엄청나게 큰 불덩어리가 밤하늘을 배경으로 훨훨 타올랐다.

두 사람은 달아났다. 부은 기름의 양이 시체를 완전히 화장하기에는 모자라서 파슨스는 반쯤 타다 남은 시신이 되었다. 코프먼과 공범은 이 터무니없는 행동으로 말미암아, 관을(시체가 아니고 관이라는 점에 유념하자.) 훔쳤다 하여 경범죄 절도 혐의만을 적용받았다. 파슨스 시신의 잔해는 뉴올리언스로 보내져 그곳에 매장되었다. 물론 계부는 파슨스의 재산을 한 푼도 받지 못했다.

그런데 셰퍼드 여사의 경우에는 묻고 나서 남은 잔해에 대해 '술을 몇 잔 들이켜고 시체를 태워라.'같이 미리 정해둔 행동 지침 같은 것이 없었다. 그렇지만 그녀는 평생을 자유주의 활동가이자 환경보호주의자로 살았기에, 가족은 그녀의 시신을 방부처리해 금속 관에 넣는 것은 그녀가 지향하던 모든 것에 반대되는 일이라고 생각했다.

무자비한 태양이 떠올라 더워지기 전에, 조슈아트리 지역 토박이로 온몸이 문신으로 뒤덮인 토니가 아침 일찍 손수 삽질을 해서 약 120센티미터 깊이의 무덤을 팠다. 무덤 옆에는 모래 알갱이로 부서진 화강암 흙 한 무더기가 수북이 쌓였다. 토니는 아무 장식 없는 널빤지 네 개를 밧줄에 묶어 구멍에 걸쳐두었다. 우리는 셰퍼드 여사를 뒷자리까지 직접 운구했다. 그리고 수의 입은 여사의 시신을 무덤 위에 걸쳐둔 널빤지 위에 뉘었다. 수의로 싸여 있었지만, 시신의 윤곽이 적나라하게 보이는 상태였다. 매장에 필요한 재료라고 해보아야 삽과 약간의 널빤지, 수의 한 벌과 고인의 시신뿐인 더할 나위 없이 소박한 장례였다. 원시 시대의 장례 풍경이 이와 비슷하지 않았을까 하는 생각이 들었다. 묘지 인부 셋이 긴 줄로 셰퍼드 여사를 널빤지 밖으로 몇 센티미터 당기는 동안 나는 무릎을 꿇고 여사의 시신을 받치고 있는 널빤지를 밀어냈다. 그러자 인부들이 시신을 밑으로 내렸고, 그러는 동안 무덤을 판 인부 토니가 그녀 옆으로 폴짝 뛰어들어 밑의 흙 위에 그녀가 안전하게 누웠는지 살폈다.

잠시 묵념한 뒤, 삽과 써레를 들고 일하던 세 사람은 흙을 퍼서 셰퍼드 여사 위에 단단히 다져놓았다. 이 작업을 반쯤 하다 말고 그들은 시신을 노리는 코요테들의 접근을 막으려고 무거운 돌을 한 층 쌓았다.(사실 이 단계는 거의 미신에 가깝다. 자연장 묘지에 죽은 살을 먹는 동물들이 시체가 있는 걸 눈치채고 온다는 뚜렷한 증거가 없으니 말이다.) 무덤을 흙으로 메우는 데는 10분밖에 걸리지 않았다. 자연장 방식이 아닌 다른 묘지 같으면 매장 과정에서 녹음을 파괴해, 대칭적인 자연 풍경 한가운데 삭막한 무덤의 윤곽을 뚜렷이 남길 터였다. 그런데 토니네 팀이 일을 마치고 나니, 어디가 무덤이었는지조차 알 수 없었다. 이리하여 셰퍼드 여사는 끝없는 사막 속으로 사라진 것이다.

바로 이게 내가 원하는 죽음이었다. 깨끗이 사라지는 것. 운이 좋다면 나는 셰퍼드 여사처럼 땅에 삼켜져 사라질 것이다. 하지만 그것이 내가 택한 최선의 방법은 아니다.

> 2분 만에 그들은 비어버린 관과 흰 수의의 모습으로 다시 나타났고, 그들이 문을 닫자마자 열두 마리쯤 되는 독수리들이 달려들어 시체를 쪼아 먹었다. 그리고 다른 독수리들이 그 뒤를 재빠르게 따랐다. 5분 정도 있으니 배불리 먹은 새들은 날아올라 다시 난간 위에 게으르게 앉았다. 그들은 뒤에 해골 외에 아무것도 남기지 않았다.

1876년에 《런던타임스》는 '다호마' 혹은 서양에는 '침묵의 탑'으로 알려진 곳에서 본 다음과 같은 장면을 묘사했다. 그날 날아든 독수리 떼가 몇 분 만에 뼈만 남기고 사람 시체를 다 뜯어 먹었다. 새가 이렇게 시신을 먹어치우는 것은 파르시교도(인도에 거주하는 페르시아 계통의 조로아스터교도)가 정확히 원하는 바다. 이 종교에서는 땅, 물, 불 등의 성스러운 원소를 청결치 못한 시체가 더럽혀서는 안 된다고 본다. 화장이나 매장을 통해 시체를 처리하는 것은 금지되어 있다.

파르시교도는 13세기 말에 첫 번째 침묵의 탑을 세웠다. 오늘날 인도 뭄바이의 어느 배타적인 부촌에 있는 언덕 위 높은 곳에는 이런 탑 세 개가 서 있다. 이곳 침묵의 탑은 천장이 뚫린 원형극장처럼 되어 있는데, 그 위에 매년 시체 800구가 동심원을 그리며 놓인다. 맨 바깥쪽 원에는 남자들이, 중간 원에는 여자들이, 그리고 가장 안쪽 원에는 아이들이 놓인다. 복판에는 독수리가 뜯어 먹고 남은 뼈가 모여, 천천히 썩어 흙이 된다.

파르시식 장례는 정교한 의례이다. 시신에 암소 오줌을 묻힌 뒤 유족과 탑의 종사자들이 이 시신을 씻긴다. 밤새도록 시신을 위해 염송하고 성스러운 불을 태우며 계속해서 시신 곁을 지키는 의식을 치른다. 그다음에야 시체를 탑으로 가져올 수 있다.

이 오래된 의례는 최근 난관에 봉착했다. 한때 인도에는 4억 마리에 달하는 독수리가 있었던 적이 있다. 1876년에는 시체가 빨리 파먹히는 것이 정상이었다. "파르시교도들은 독수리들이 침묵의 탑에서 시체를 기다리고 있던 시절을 이야기하곤 합니다."라고 하버드에서 조로아스터교를 가르치는 강사 유한 베바이나는 설명했다. "지금은 독수리가 한 마리도 없습니다."

불 없이 화장하기가 힘든 것보다, 독수리가 없는데 독수리를 통해 시체를 처리하기가 더욱 힘들다. 독수리 수는 99퍼센트나 감소했다. 1990년대 초반에 인도 정부는 병든 가축에 대해 디클로페낙(이부프로펜과 같은 계열의 가벼운 진통제) 사용을 허용했다. 디클로페낙 덕분에 가축들의 발굽과 젖통의 통증은 완화되었지만 이 약물이 투여된 동물의 사체를 먹은 독수리는 간이 완전히 망가졌다. 뜨거운 태양 아래 썩어가는 고기도 삼키는 습관이 있을 정도로 튼튼한 위장을 지닌 독수리가 애드빌◎ 비슷한 약 때문에 쓰러지다니, 불공평해 보이지 않을 수 없다.

독수리가 없으니 침묵의 탑에 갖다놓은 시체들은 하늘을 춤추듯 날아다니는 이 새들을 그저 기다리며 누워 있을 수밖에 없다. 하지만 독수리들은 결코 나타나지 않는다. 이웃들은 썩어가는 시체 냄새를 맡게 된다. 2005년에 사망한 단 바리아의 모친은 이 탑에 안치되었는데, 탑 관계자가 딸 바리아에게 말하기를 시체들이 노천에 누워서 반쯤 썩어가고 있지만 독수리는 한 마리도 보이지 않는다는 것이었다. 결국 그녀는 사진작가를 고용해 탑에 잠입시켰다. 그 사진작가가 찍어 온 결과물(사진에는 정말 노천에 누워 반쯤 썩어가는 시체들이 담겼다.)로 인해 파르시 공동체에서는 한바탕 큰 난리가 났다.

탑 관계자들은 부족한 독수리로 인한 문제를 해결하려 노력했다. 그들은 확대경으로 9년 묵은 벌레를 태워 죽이는 장치처럼, 태양 에너지를 집적하여 시체 무더기에 내리쬐는 거울을 설치했다. 하지만 구름 낀 우기에는 태양열로 시체를 태울 수 없었다. 그들은 물에 녹는 화학제품을 시체에 곧장 부어보려 했지만, 불쾌한 상태로 엉망진창이 될 뿐이었다. 단 바리아 같은 유족들은 파르시교도가 전통을 바꾸어 현실에 적응하지 못할 이유가 뭐냐고

◎ 두통에 효과가 있는 진통제.

반발하며, 그녀의 모친처럼 시체들이 차가운 돌 위에 그대로 남겨지지 않게 하려고 매장이나 화장을 시도했다. 하지만 파르시 사제들은 완강했다. 독수리든 독수리가 아니든 간에, 침묵의 탑을 다른 형태로는 절대로 바꿀 수 없다는 것이었다.

결국 여기서 아이러니가 발생한다. 위의 상황을 뒤집어보면, 미국에도 삶이 끝나면 자기 몸을 동물에게 내어주겠다는 생각에 기꺼이 동의하는 사람들이 있다. 그리고 미국에는 시체를 파먹을 만한 충분한 수 이상의 독수리와 그 밖에도 시체를 뜯어 먹는 다른 짐승들이 있다. 하지만 이 경우에도 정부와 종교 지도자 등등은 미국 땅에서 이런 사악한 광경이 벌어지는 걸 용납하지 않을 것이다. 미국의 지도자들은 말한다. "안 돼. 화장이든 매장이든, 이 둘 중 하나만 당신은 선택할 수 있어."

단 바리아를 비롯해 고인을 대하는 기존 방식에 불쾌함을 느끼는 파르시교도의 수는 점점 더 증가하는 추세이다. 이들은 화장이나 매장을 알아보고 싶어 한다. 지도자는 신도들에게 말한다. "안 돼, 독수리가 유일한 선택이야."

천장(天藏)이라는 것을 발견한 뒤로, 나는 죽고 나서 남겨질 내 몸을 위해 무엇을 해야 할지 알게 되었다. 내 생각에는 짐승에 의한 매장이 가장 안전하고 깨끗하고 인간적인 시체 처리 방법인 것 같다. 그런 매장은 새로운 의례를 제공하여, 죽음이라는 현실과 이 행성에서 우리가 진정 있어야 할 곳에 한층 더 가까워지도록 할 것이다.

화장을 하자니 불을 피울 나무가 부족하고, 매장을 하자니 땅이 얼어붙은 데다 바위가 너무 많은 티베트 산중에서는 수천 년 동안 천장을 해왔다.

망자를 연꽃잎 자세, 즉 태아 자세로 만들어 천에 싼다. 불교 라마들이 시체를 위해 독경을 하고 나서, 그를 '로갸빠'라는 시체 부수는 사람에게 건네준다. 로갸빠는 시신의 옷을 벗겨 살을 잘게 썰고 피부를 톱질하여 힘줄과 근육을 끊어낸다. 그는 마체테를 주변 바위에 날카롭게 갈아서 사용한다. 하얀 앞치마를 입은 로갸빠의 모습은 마치 푸줏간 주인 같은데, 그의 앞에서는 시체가 인간이라기보다는 동물로 보인다.

세상의 모든 죽음 전문가들 가운데, 로갸빠는 내가 그다지 부러워하지 않는 직업이다. BBC방송 인터뷰에서 어느 로갸빠는 이렇게 말했다. "여러 번 천장을 해보았지만 저는 아직도 위스키를 좀 마셔야 이걸 할 수 있어요."

근처에 있던 독수리들이 이미 모여들기 시작했다. 그들은 히말라야 흰목대머리수리로, 당신이 상상하는 것보다 훨씬 큰데 날개를 다 펼치면 몸길이가 274센티미터에 달한다. 남자들이 기다란 채찍을 휘두르며 뒤로 물러나면, 이 독수리들은 목 뒤를 긁는 듯한 끽끽 소리를 내며 서로 거리를 좁혀온다. 그렇게 가까이 옹기종기 모인 독수리 무리를 보면 마치 하나의 커다란 깃털 덩어리 같아 보인다.

로갸빠는 나무망치로 살점이 다 뜯겨나간 뼈를 빻는데, 이때 차마라고 불리는 야크 버터나 야크 젖을 섞은 보릿가루를 함께 넣는다. 로갸빠는 일부러 뼈와 연골을 먼저 놓아두고 가장 맛 좋은 살점은 뒤로 빼놓는다. 왜냐하면 그들은 독수리가 와서 제일 맛있는 살로 배를 채우고 금방 흥미를 잃어, 시체를 깨끗하게 다 먹기 전에 날아가버리는 걸 바라지 않기 때문이다.

신호가 주어지고 매를 거두고 나면, 한쪽에 대기하던 독수리들이 격렬하게 날아서 땅으로 내려와 시체를 파먹기 시작한다. 맹수처럼 소리를 지르며 썩은 고기를 먹는 이 독수리들은 시체를 파먹는 맹금류인 동시에 하늘을 춤추듯 날아다니는 영광스러운 새로서 시신을 하늘에 묻을 수 있게 해준다. 시체를 이렇게 처리하는 건 굉장히 고결한 방식이라고 볼 수 있다. 죽은 몸을 다시 자연에 되돌려줌으로써 또 다른 쓸모가 있게 만드니 말이다.

다른 선진국 시민들은 이렇게 내장이 드러나고 피가 튀기는 티베트의 시체 처리 풍습에 중독된 듯 이끌린다. 티베트는 늘어가는 이 '죽음' 테마 관광 상품의 인기가 그들의 의례에 무슨 의미가 있을지 고심한다. 2005년 티베트를 다스리는 중국 정부는 천장터 관광과 사진 촬영, 비디오 녹화를 금지하는 법령을 발표했다. 하지만 중국 동부에서 관광객으로 가득한 사륜구동 차를 끌어오는 여행 가이드는 아직도 이 지역에 넘쳐난다. 이 의례 중 독수리가 나올 때 그 자리에 유가족은 입회하지 않더라도, 아이폰을 들이대며 그 과정을 찍어댈 중국 관광객은 많을 것이다. 그들의 목적은 화장한 시신의 유골함을 가족이 집에서 받아보듯이, 죽음을 화면 속에 깔끔하게 포착하는 것이다.

한 서양인 관광객은 사진을 찍으면 안 된다는 규칙을 어기고 망원렌즈를 들고 바위 뒤에 숨어 있었는데, 보통 때 같으면 산등성이에서 기다리던 독수리들이 그의 존재에 겁을 먹어 다가오지 않았다는 일화도 있다. 독수리들은 놀라서 그 산등성이를 떠난 후, 다시는 시체를 먹으러 나타나지 않았다. 이는 이 의례에 좋지 않은 조짐으로 여겨졌다.

나는 인생의 30년을 짐승의 살을 먹으며 보냈다. 그런데 내가 죽고 나서 그 짐승들이 반대로 나를 먹는 것은 왜 안 된다는 말인가? 나도 하나의 짐승 아닌가?

티베트는 내가 여행하면서 가보고 싶었던 곳 중 하나였지만 결국 가보지 못했다. 받아들이기는 어렵지만, 진정한 사회 변화가 이뤄지지 않는 한, 내 시신을 위해 천장 의식을 선택할 수는 없을 것이다. 게다가 내 평생 이 의례를 볼 수 없을지도 모른다. 내가 만약 망원렌즈로 독수리를 겁먹게 한 그 서양인이었다면, 새들을 위해서라도 스스로 떠났을 것이다.

나오며

오스트리아 빈의 어느 상쾌한 가을날, 나는 성 미카엘 성당 지하실을 개인적으로 둘러볼 기회를 얻었다. 나를 가파른 돌계단 아래로 안내해준 오스트리아 청년 베르나르트는 영어를 완벽하게 구사했는데, 말할 때는 어딘지 깊은 미국 남부 억양이 섞여 있었다.

"내 억—양이 예—전에는 이상했다네요." 그는 미 남부연합 장군처럼, 길게 느릿느릿한 영어로 말했다.

베르나르트의 설명에 따르면 합스부르크 왕가의 구성원들이 이 성당에 다니던 중세 시기에는 바로 성당 밖 뜰에 묘지가 있었다고 한다. 하지만 유럽의 대도시가 흔히 그렇듯이, 이 묘지 역시 과밀화가 심해졌다. "썩—어가는 시체들이 겹—겹—이 쌓였답니다." 묘지가 너무 과밀해져서 그 옆에 살던 사람들(근처에 살던 사람이라고 해봐야 황제였겠지만)이 악취가 풍긴다고 불평할 정도였다.

17세기에 묘지를 폐쇄하고 성 미카엘 성당 깊은 지하에 묘지를 만들었다.

지하 묘지에 묻힌 시체 수천 구는 나뭇조각들이 들어 있는 나무 관에 매장되었다. 시체가 부패하며 나오는 액체는 나뭇조각들이 흡수했다. 이렇게 습기가 흡수되니 건조한 상태로 유지될 수 있었고, 이것이 지하 묘지를 관통해 흐르는 차가운 공기와 합쳐져서 저절로 시체의 미라화가 이루어졌다.

베르나르트는 어떤 남자의 시체를 손전등으로 비추다가, 바로크 시대 가발의 레이스 밑단이 팽팽한 잿빛 피부와 달라붙은 지점에서 멈추었다. 그 줄 아래로 시체 안치소에서 볼 수 있는 전형적인, 뼈와 두개골이 쌓인 곳을 지나자 어떤 여인의 시체가 나왔다. 이 시체는 어찌나 잘 보존되었는지 죽은 지 300년쯤 지났는데도 그 코가 아직도 얼굴에서 오뚝 튀어나와 있을 정도였다. 그녀의 섬세한 손가락이 관절이 드러난 채 가슴 위에 포개져 있었다.

성당에서는 현재 이 지하 묘지에서 생성된 미라 네 구를 대중이 구경할 수 있게 해놓고 있었다. 이걸 본 방문객들이 베르나르트에게 던진 질문들은 뻔했다. "이런 미라화가 어떻게 일어나나요?"라든가 "이 성당은 최근에 뉴질랜드에서 온, 관을 파먹는 외래종 딱정벌레 침입에 어떻게 대비할 수 있었나요?"(답: 에어컨을 설치해서) 같은 질문 말이다.

하지만 방문객들, 특히 젊은 방문객들이 정말로 알고 싶은 것은 "여기 있는 시체들이 진짜인가요?" 하는 것이었다.

이런 질문을 던진 관광객들은 아마도 지하에 잔뜩 쌓인 뼈와 두개골, 줄지어 선 관과 드물게 보이는 미라가 역사적인 유적이 아니라, 마치 유령이 출몰하는 귀신의 집 모형 같다고 생각했을 것이다.

지구상 어느 대도시에 있든, 당신은 수천 구의 시신 위에 서 있을 가능성이 높다. 이 시신들은 우리 발아래 펼쳐진, 종종 알려지지는 않았지만 실재하는 역사를 반영한다. 2015년 런던에서 고속지하철을 건설할 때, 리버풀 거리 밑에 묻혀 있던 16, 17세기 묘지에서 시체 3500구가 발굴되었다. 이 중에는 1665년 흑사병이 돌던 시절 사람을 묻었던 구덩이도 있었다. 시신을 화장할 때 우리는 화석연료를 사용한다. 화석연료라고 하는 이유는 그것이 부패한 죽은 유기물로 만들어졌기 때문이다. 먼저 쌓인 식물들의 부패한 물질에서 새로운 식물이 자라난다. 이 책의 한 쪽 한 쪽 역시 한창때 쓰러진 나무에서 나온 목재의 펄프로 만든 것이다. 우리를 둘러싼 모든 것이, 모든 도시의 모든 부분이, 모든 사람의 모든 부분이 전부 죽음에서 비롯된 것이다.

빈에서 보낸 그 가을날, 지하 묘지를 단독으로 탐방한 것은 내가 묘지라면 어디든 들어가 시신에 접근할 수 있는 VIP 멤버십 카드를 갖고 있어서가 아니었다. 그 투어가 단독으로 진행된 이유는 투어에 참가하겠다고 나타난 사람이 나 하나밖에 없었기 때문이었다.

한때 무덤이 촘촘히 들어선 묘지였던 성당 바깥뜰에는 학교에 다니는 어린이들이 모여 있었다. 그 아이들은 빨리 가이드의 안내를 받아 호프부르크 궁에 들어가서 과거의 유물과 보석들, 궁전의 황금 왕홀과 망토를 보려고 애타게 기다리고 있었다. 뜰 건너 성당 안에는 돌계단 몇 개만 내려가면 그 어떤 왕홀보다 더 많은 것을 어린이들에게 가르쳐줄 수 있는 시체가 있었다. 그 아이들보다 먼저 태어난 과거의 사람들은 다 죽었다는, 받아들이기는 힘들지만 명백한 증거 말이다. 모든 것은 언젠가 죽는다. 우리는 온갖 위험을 무릅써가며 우리를 둘러싼 죽음을 피하려 할 뿐이다.

죽음을 회피하는 것은 개인적 차원의 실패가 아니다. 그것은 문화적 차원의 실패이다. 죽음을 똑바로 마주하는 일은 심약한 사람을 위한 일이 아니다. 시민 각자가 스스로 알아서 그렇게 하리라고 기대하는 것은 너무나 어려운 일이다. 오히려 죽음을 받아들이고 마주하게 하는 것은 '죽음'을 다루는 모든 전문가, 즉 장례지도사, 묘지 관리인, 병원 근무자 들의 책임으로 봐야 한다. 죽음과 시체와의 안전하고 열린 소통이 가능한 물리적, 정서적 환경을 만드는 것은 '죽음 전문가'들에게 부여된 과업이라는 얘기이다.

9년 전에 죽은 사람을 다루는 이 일을 처음 시작했을 때, 나는 나와 같은 직업에 종사하는 다른 사람들이, 죽어가는 사람과 그 가족을 위한 공간을 확보하는 것에 대해 이야기하는 걸 들었다. 나의 세속적인 관점에서 '그들을 위한 공간을 마련하는 것'은 낭만적인 히피 용어처럼 들렸다.

이 판단은 틀렸다. 공간을 만드는 것은 아주 중요한 일인 동시에 우리가 놓치고 있는 부분이기도 하다. 공간을 만든다는 것은 유가족과 친구들이 솔직하게 터놓고, 다른 시선에 대한 두려움 없이 마음껏 슬퍼할 수 있는 안전한 구역을 제공한다는 것을 의미한다.

내가 여행했던 모든 곳에서 나는 이런 '죽음을 위한 공간'이 제 역할을 다하고 있는 것을 보았고, 주변의 지지를 받는다는 게 무슨 뜻인지 느꼈다. 일본의 루리덴 납골당에서는 연청색과 자주색으로 빛나는 불상 영역이 나를 지지해주었다. 멕시코의 묘지에서는 수만 개의 깜박이는 호박색 촛불이 밝히는 쇠 울타리가 나를 떠받쳐주었다. 콜로라도주의 불타는 장작에서는 높이 치솟는 불길에도 조문객들을 안전하게 보호하는 멋진 대나무 울타리 속에서 힘을 받았다. 이런 곳 하나하나에는 마법이 깃들어 있었다. 그건 슬픔이었다. 상상할 수도 없는 슬픔 말이다. 하지만 그 슬픔 속에는 한 점의 부끄러움도 없었다. 이런 곳에서 우리는 절망을 똑바로 마주하고 이렇게 말할 수 있었다. "나는 네가 보여. 저 멀리서 날 기다리고 있구나. 너를 강하게 느낄 수 있어. 하지만 그렇다고 해서 네가 날 무너뜨리게 하지 않을 거야."

서양 문화에서 슬픔에 잠긴 사람은 어디서 지지와 위로를 받는가? 종교가 있는 사람들은 성당, 절 같은 종교적인 공간에서 위로와 지지를 받는다. 하지만 종교가 없는 이들 입장에서 일생에서 가장 취약한 시기는 넘기 힘든 장애물로부터 도전장을 받았을 때이다.

이런 곳으로 우선 병원이 있다. 사람들은 종종 병원을 차갑고 살균된 호러 쇼가 펼쳐지는 공간으로 여긴다. 최근 만나 본 나의 오랜 지인 역시 병원에서 위로받지 못하고 도리어 큰 상처를 받았다고 했다. 그녀는 그간 내게 소식을 전하지 못했다며 사과했는데, 얼마 전에 그녀의 모친이 로스앤젤레스 병원에서 돌아가셨던 것이었다. 병환이 길어지자, 지인의 어머니는 오랫동안 몸을 움직이지 못할 때 생기는 욕창을 막기 위해 특별히 설계된 공기주입식 매트리스에 누워서 마지막 몇 주를 보냈다. 어머니가 돌아가신 후, 그녀의 슬픔에 공감하던 간호사들이 내 지인에게 어머니 시신 옆에 좀 더 있어도 된다고 말해주었다. 그런데 몇 분 후 의사 한 사람이 방으로 급히 들어왔다. 일면식도 없는 의사였는데, 그는 자기소개도 하지 않고 들어와 어머니의 진료기록부를 잠깐 읽더니, 몸을 숙이고는 공기주입식 매트리스의 플러그를 잡아 빼버렸다. 돌아가신 어머니의 시신은 위로 튀어올랐다가, 매트리스에서 공기가 슉 하고 빠지자 좀비처럼 이쪽저쪽으로 거칠게 움직였다. 의사는 한 마디 말도 없이 유유히 병실 밖으로 나갔다. 유가족을 위한 지지나 배려와는 거리가 먼 경험이었다. 어머니가 세상에서 마지막 숨을 쉬자마자 가족들은 밖으로 내쳐진 것이다.

두 번째로는 장의사가 있다. 미국에서 가장 큰 장례업체인 서비스 코퍼레이션 인터내셔널의 한 간부는 "미국의 장례업계는 정말이지 관 판매에 혈안이 되어 있다."라고 최근 인정했다. 인위적으로 꾸며진 어머니 시체를 7000달러짜리 관에 넣는 것을 가치 있게 여기는 이들은 점점 줄어들고 사람들이 단순 화장 쪽으로 돌아서면서, 업계는 살아남기 위해 새로운 방도를 찾아야 했다.

'장례 서비스'를 판매하던 것에서, '다감각 체험실'에서의 '모임'을 판매하는 것으로 말이다.

최근 《월스트리트저널》 기사에서는 이렇게 설명한다. "시청각 도구를 사용한 체험실에서는 새로 깎은 싱그러운 잔디 냄새를 포함해, 골프 코스 같은 분위기를 만들어 그 안에서 골프 애호가였던 고인을 추모할 수 있다. 골프장뿐만 아니라 바다나 산, 축구 경기장을 떠올리게 할 수도 있다."

아마 가짜 '다감각' 골프 코스에서 장례를 거행하는 데 수천 달러를 지불하면, 유가족은 당장은 슬픔을 위로받는 듯한 느낌이 들지도 모르지만, 나는 의구심이 든다.

내 어머니는 최근 70세가 되셨다. 어느 날 오후, 나는 연습 삼아 미라가 된 어머니의 시체를 인도네시아의 타나토라자 사람들이 하듯이 무덤에서 꺼내는 상상을 해보았다. 상상 속에서 나는 어머니의 유해를 끌어안고 일으켜세운 뒤, 죽은 지 수년이 지난 어머니의 눈을 바라본다. 이런 생각을 해도 더 이상 놀랍지 않다. 이제 내가 이런 식으로 과업을 처리할 수 있을 뿐만 아니라 그 의례에서 위로받을 수 있을 거라고 믿기 때문이다.

유가족을 위한 공간을 만드는 것은 그들을 슬픔 속에 가둬두겠다는 뜻이 아니다. 그것은 가족들에게 의미 있는 일을 할 기회를 준다는 뜻이다. 젓가락으로 뼈 하나하나를 정성껏 집어 유골함에 담는 의식부터, 제단을 만들고 1년에 한 번 혼령을 부르는 의식이나 심지어 무덤에서 시체를 꺼내 깨끗이 해서 다시 세우는 일까지, 이런 활동은 유가족에게 목적의식을 부여한다. 이는 유가족이 슬퍼하는 데 도움이 되고, 슬퍼하는 것은 치유를 시작하는 데 도움이 된다.

현장에 나타나지 않으면 의례를 온전히 느낄 수 없다. 먼저 참석하라. 그러면 의례의 의미가 다가올 것이다. 화장을 참관하겠다고 고집하고, 매장을 보러 가겠다고 고집하라. 설령 관에 누운 어머니의 머리를 빗겨드리는 것이 고작일지라도, 함께 참여하겠다고 하라. 어머니가 좋아하던 색깔의 립스틱을 발라드리겠다고 주장하라. 그걸 바르지 않고 무덤에 들어가는 건 꿈도 못 꿀 정도로 어머니가 좋아하던 그 립스틱 말이다. 어머니의 머리카락을 조금 잘라서 목걸이나 반지에 넣겠다고 하라. 두려워하지 않아도 된다. 이런 것들은 다 인간적이고도 용감한 행동이다. 죽음과 상실 앞에서 사랑을 보여주는 행동이니까.

나는 안다. 내가 어머니의 시신 앞에서 마음이 편안할 거라는 사실을. 그것은 바로 내가 주위 사람들로부터 지지받을 것이기 때문이다. 의례란 쥐 죽은 듯 고요한 야밤에 몰래 묘지에 슬쩍 들어가서 미라가 된 시체를 엿보는 것이 아니다. 의례란 내가 사랑하던 누군가를, 그로 인한 나의 슬픔을 환한 대낮에 꺼내놓는 것이다. 이웃과 가족이 함께, 공동체가 곁에서 지지해주는 가운데 어머니를 향해 인사하는 것이다. 햇빛은 모든 것을 소독해준다고 사람들은 말한다. 그 대가가 무엇이든 간에, 죽음을 둘러싼 우리의 두려움, 수치심, 슬픔을 소독할 수 있도록 햇빛 속으로 끌고 나오는 어려운 작업은 이제 막 시작되었다.

감사의 말

내 말을 믿어주길 바란다. 여러 사람의 진지한 도움이 없었더라면 전 세계를 돌아다니는 이 긴 여정을 완수하기 어려웠을 것이다.

이 책은 처음에 깊은 심연 위를 떠도는 암흑과도 같았다. 아무것도 없던 상태에서 책의 꼴을 갖추게 된 것은, 어머니 같은 에이전트 애너 스프룰 라티머와 아버지 같은 편집자 톰 메이어가 있었기 때문이다. 그들이 이르길 "책이 있으라!" 하니 책이 되었다.

노튼 출판사 케이틀린 팀의 환상적인 팀원 모두에게 감사하며, 특히 스티브 콜카, 에린 사이네스키 로베트, 새러 볼링, 앨리그라 헛슨, 일리자베스 커, 매리 케이트 스케한에게 감사하다.

매의 눈으로 이 책의 초고를 하나하나 뜯어봐준, 윌 C. 화이트, 루이즈 홍, 데이비드 포리스트, 마라 넬러, 윌 슬로콤브, 앨릭스 프랭클에게 감사하다.

폴 쿠두나리스는…… 그저 당신이어서 감사하다.

매사에 나의 오른팔 같은 여인이 되어주고, 나를 믿고 자신의 이야기를 들려준 세라 차베스에게 감사하다.

내가 대표로서 장의사를 이끌지 못하고 비워둔 기간에 혼자 남아 모든 장례를 이끌어야 했던 가엾은 장례지도사 앰버 카발리에게 감사하다.

발로 차고 소리 지르며 원고의 마지막 줄을 내게 건네준 비앙카 다알드반 이어셀과 코너 하비브에게 감사하다.

여행길에서, 내게 영감을 준 콜로라도주 크레스톤의 삶의 끝 프로젝트 구성원들 모두에게, 인도네시아에 있는 아구스 람바와 케이티 이나모라토에게, 멕시코에 있는 클라우디아 타피아와 마이라 시스네로스에게, 일본에 있는 에리코 다케우치와 아야코 사토에게, 노스캐롤라이나주에 있는 카트리나 스페이드와 셰릴 존스턴에게, 스페인에 있는 호르디 나달에게, 볼리비아에 있는 안드레스 베도야에게 감사하다.

마지막으로, 좋은 남자 친구이자 지금은 끝내주는 협업자인 삽화가 랜디스 블레어에게도 감사를 전한다.

옮긴이의 말

살다가 죽는 것은 누구에게나 중요한 문제이다. 그런데 죽음을 대하는 태도는 나라마다 문화마다 천차만별이다. 저마다 몸담고 사는 그 지방, 그 나라의 고유문화가 있을 것이다. 각자가 속한 문화권 안에서는 자신의 장례 문화를 당연한 것으로 여기기 쉽다. 세계에서 미국인이 번역서를 제일 안 본다는 말도 있는데, 그만큼 자국 중심적인 사고가 강한 미국인들은 자신들의 죽음 문화에 대해서도 마찬가지 태도를 보인다. 케이틀린 도티의 행보가 각별한 것은, 죽음을 부정하는 미국의 문화를 비판적으로 돌아보며 대안을 찾아 나선다는 데 있다. 전 세계를 돌면서 다른 나라, 다른 지방에서는 죽음을 어떻게 대하는지 하던 일을 놓고 길을 떠난 저자는 미국인으로서 예외적이고 열린 존재라고 아니 할 수 없다. 저자가 이토록 죽음에 천착하는 것은 역설적으로 삶에 대한 애정이 그만큼 깊기 때문이다. "삶에 대한 애정이 도티의 유며와 섞여 지금의 미국 문화가 죽음을 어떻게 다루고 있는지를 다시 생각해보게 한다."라는 《샌프란시스코 크로니클》의 서평 기사가 이 책을 잘 요약하는 것 같다.

젊은 여성으로서 시체를 화장하는 장의사로 여러 해 일한 경험을 1권 『잘해봐야 시체가 되겠지만』에서 적나라하게 때론 유머러스하게까지 쏟아낸 그녀는, 2권 『좋은 시체가 되고 싶어』에서는 시신을 대하는 색다른 방식을 보기 위해 각 대륙의 여러 나라를 직접 돌아보며 그 예를 열거한다. 여기서 본보기 겸 대안으로 제시된 것이 미국 콜로라도주의 야외 화장, 인도네시아 타나토라자의 마네네 의식, 멕시코의 망자의 날 행사, 미국 노스캐롤라이나주의 인간 부패 연구소, 스페인의 장의사, 일본의 죽음 관련 풍습, 볼리비아의 냐티타 축제이다. 종착지는 다시 미국 캘리포니아이다. 원점으로 돌아가 고인을 사막 한복판에 흔적 없이 묻는 것이다. 인적 없는 사막 지대에 파묻혀 자취조차 남지 않는 장례를 치른다. 그리고 파르시교도의 독수리 장례와 티베트의 천장을 얘기한다. 에필로그에서는 오스트리아의 묘지를 방문했던 일과 그때 느낀 점이 언급된다. 이 책이 의미를 갖는 지점은 단지 텍스트를 통해 죽음을 연구한 것이 아니라, 직접 그 나라에 찾아가서 일면식도 없는 사람의 장례에 참여하며 그 의례를 직접 체험했다는 데 있다. 이를 통해 내가 속한 문화의 죽음 의례 또한 절대적인 것이 아니라 얼마든지 변화 가능한 것임을 깨닫게 한다.

죽음을 대하는 한국의 문화 역시 지난 수십 년간 많이 변화하였다. 지금은 집에서 장례를 치르는 경우가 거의 없다. 가까운 과거와 비교할 때 놀라운 일이 아닐 수 없다. 미국은 어떠한지 모르겠지만 적어도 확실한 것은, 자기가 평소 눕던 침대에 누워 가족들 사이에서 죽음을 맞는 경우란 흔치 않다는 것이다.

집과 병원, 어디서 죽음을 맞는가, 어디서 죽음이 처리되는가에 꼭 정답이 있는 것은 아닐지도 모른다. 변화는 자연스러운 것이기도 하므로 우리가 이제 와서 없던 관습을 새삼 지어내어 인도네시아의 타나토라자 사람들처럼 할 수는 없다. 다만 생자와 망자의 경계를 느슨하게 만들 수는 있다. 생자가 망자 옆에서 머물며 충분히 위로의 시간을 가질 수도 있다.

이 책의 원제는 'From Here to Eternity'로, 「지상에서 영원으로」라고 번역되어 알려진 옛 영화(1953)의 제목을 차용했다. 소설을 기반으로 한 이 영화는 이 책의 내용과는 전혀 무관하지만, 지상(이승)과 영원(저승)을 잇는 것은 망자와의 소통이라는 점에서 이 제목을 가져온 것이 아닐까 싶다. 저자는 망자와 (현대 미국인이 보기에는) 기이한 방식으로 소통하는 원주민들이나, 망자의 세계를 생자의 세계와 분리하지 않고 삶 속에 포함시키는 세계 곳곳의 사람들 이야기를 들려준다. 고인의 곁에서 죽음을 애도하고 시간을 보낼 권리가 있음을 각 나라의 사례를 통해 알 수 있다.

지금도 미국 로스엔젤레스에서 장의사로 일하며, 죽음을 알리고 처리하는 활동을 꾸준히 하고 있는 저자에 관해서는 유튜브나 트위터로 근황을 파악할 수 있다. 케이틀린 도티의 유튜브 채널 「장의사에게 물어보세요(Ask a Mortician)」는 일반인과 죽음과의 거리를 가깝게 하는 데 크게 기여하고 있다. 이 책 또한 죽음을 친근하고 유머러스하면서 실용적으로 다루고 있어, 죽음에 대한 금기를 깨는 데 큰 도움이 될 것이다. 케이틀린이 마지막 문장에 썼듯이 "죽음을 둘러싼 우리의 두려움, 수치심, 슬픔을 소독할 수 있도록 햇빛 속으로 끌고 나오는 어려운 일은 이제 막 시작"된 것이다.

헬러윈에서는 죽은 자를 두려움의 대상으로 보지만, 멕시코의 망자의 날 행사에서는 죽은 자를 기억하고 싶은 그리운 존재로 보고 산 자의 세상으로 초대한다. 생소한 의상과 해골 장식으로 보내는 핼러윈 대신, 죽음과 삶의 세계를 사람들이 어떻게 받아들이는지 직접 탐방하여 관찰한, 이런 책을 읽어보는 것은 어떨까. 코로나 시대의 비대면 풍조에 걸맞게, 책을 통해 세계 각국의 장례 풍경 속으로 떠나보는 것도 괜찮지 않을까.

2020년 10월

임희근

참고문헌

들어가며

Fraser, James W. Cremation: *Is It Christian?* Loizeaux Brothers, Inc., 1965.

Herodotus. *The History*. Translated by David Grene, University of Chicago Press, 2010.

Seeman, Erik R. *Death in the New World: Cross- Cultural Encounters*, 1492– 1800. University of Pennsylvania Press, 2011.

___ . *The Huron– Wendat Feast of the Dead: Indian European Encounters in Early North America*. Johns Hopkins University Press, 2011.

야외 화장—미국 콜로라도주 크레스톤

Abbey, Edward. *Desert Solitaire: A Season in the Wilderness*. Ballantine Books, 1971.

"Hindu Fights for Pyre 'Dignity.' " BBC News, March 24, 2009.

Johanson, Mark. "Mungo Man: The Story Behind the Bones that Forever Changed Australia's History." *International Business Times*, March 4, 2014.

Kapoor, Desh. "Last Rites of Deceased in Hinduism." *Patheos*, January 2, 2010.

Laungani, Pittu. "Death in a Hindu Family." *Death and Bereavement Across Cultures*. Edited by Colin Murray Parkes, Pittu Laungani, and Bill Young. Taylor &

Francis, Inc., 1997.

Marsh, Michael. "Newcastle Hindu Healer Babaji Davender Ghai Reignites Funeral Pyre Plans." *Chronicle Live*, February 1,

2015.

Mayne Correia, Pamela M. “Fire Modification of Bone: A Review of the Literature.” In *Forensic Taphonomy: The Postmortem Fate of Human Remains*. Edited by Marcella H. Sorg and William D. Haglund. CRC Press, 1996.

Prothero, Stephen. *Purified by Fire: A History of Cremation in America*. University of California Press, 2002.

Savage, David G. “Monks in Louisiana Win Right to Sell Handcrafted Caskets.” *Los Angeles Times*, October 19, 2013.

마네네 의식—인도네시아 남술라웨시 토라자

Adams, Kathleen M. *Art as Politics: Re- crafting Identities, Tourism, and Power in Tana Toraja, Indonesia*. University of Hawaii Press, 2006.

___ “Club Dead, Not Club Med: Staging Death in Contemporary Tana Toraja (Indonesia).” *Southeast Asian Journal of Social Science* 21, no. 2 (1993): 62– 72.

___ “Ethnic Tourism and the Renegotiation of Tradition in Tana Toraja (Sulawesi, Indonesia).” *Ethnology* 36, no. 4 (1997): 309– 20.

Chambert- Loir, Henri, and Anthony Reid, eds. *The Potent Dead: Ancestors, Saints and Heroes in Contemporary Indonesia*. University of Hawaii Press, 2002.

Mitford, Jessica. *The American Way of Death Revisited*. Knopf Doubleday, 2011.

Tsintjilonis, Dimitri. “The Death- Bearing Senses in TanaToraja.” *Ethnos* 72, no. 2 (2007): 173– 94.

Volkman, Toby. “The Riches of the Undertaker.” *Indonesia* 28 (1979): 1– 16.

Yamashita, Shinji. "Manipulating Ethnic Tradition: The Funeral Ceremony, Tourism, and Television among the Toraja of Sulawesi." *Indonesia* 58 (1994): 69–82.

망자의 날 축제—멕시코 미초아칸

Bradbury, Ray. "Drunk, and in Charge of a Bicycle." *The Stories of Ray Bradbury*. Alfred A. Knopf, 1980.

Carmichael, Elizabeth, and Chloë Sayer. *The Skeleton at the Feast: The Day of the Dead in Mexico*. University of Texas Press, 1991.

"Chavez Ravine: A Los Angeles Story." Written and directed by Jordan Mechner. *Independent Lens*, PBS, 2003.

The Life and Times of Frida Kahlo. Written and directed by Amy Stechler. PBS, 2005.

Lomnitz, Claudio. *Death and the Idea of Mexico*. Zone Books, 2008.

Quigley, Christine. *Modern Mummies: The Preservation of the Human Body in the Twentieth Century*. McFarland, 2006.

Zetterman, Eva. "Frìda Kahlo's Abortions: With Reflections from a Gender Perspective on Sexual Education in Mexico." *Konsthistorisk Tidskrift / Journal of Art History* 75, no. 4: 230–43.

인간 재구성 프로젝트—미국 노스캐롤라이나주 컬로위

Brunetti, Ludovico. *Cremazione e conservazione dei cadaveri*. Translated by Ivan Cenzi. Tipografia del Seminario, 1884.

Ellis, Richard. *Singing Whales and Flying Squid: The Discovery of Marine Life*. Lyons Press, 2006.

Fryling, Kevin. "IU School of Medicine– Northwest Hon-ors Men and Women Who Donate Their Bodies to Educate the Next

Generation of Physicians." *Inside IU*, February 6, 2013.

Helliker, Kevin. "Giving Back an Identity to Donated Cadavers." *Wall Street Journal*, February 1, 2011.

Laqueur, Thomas. *The Work of the Dead: A Cultural History of Mortal Remains*. Princeton University Press, 2015.

Monbiot, George. "Why Whale Poo Matters." *Guardian*, December 12, 2014.

Nicol, Steve. "Vital Giants: Why Living Seas Need Whales." *New Scientist*, July 6, 2011.

Perrin, W. F., B. Wursig, and J. G. M. Thewissen, eds. *Encyclopedia of Marine Mammals*. Academic Press, 2002.

Pimentel, D., et al. "Environmental and Economic Costs of Soil Erosion and Conservation Benefits." *Science* 267, no. 24 (1995): 1117–22.

Rocha, Robert C., Phillip J. Clapham, and Yulia V. Ivash chenk."Emptying the Oceans: A Summary of Industrial Whaling Catches in the 20th Century." *Marine Fisheries Review* 76 (2014): 37–48.

Whitman, Walt. *Leaves of Grass*. Dover, 2007.

알티마 장의사—스페인 바르셀로나

Adam, David. "Can Unburied Corpses Spread Disease?" *Guardian*, January 6, 2005.

Estrin, Daniel. "Berlin's Graveyards Are Being Converted for Use by the Living." *The World*, PRI, August 8, 2016.

Kokayeff, Nina. "Dying to Be Discovered: Miasma vs. Germ Theory." *ESSAI* 10, article 24 (2013).

Marsh, Tanya. "Home Funerals, Rent-Seeking, and Religious Liberty." *Huffington Post*, February 22, 2016.

Rahman, Rema. "Who, What, Why: What Are the Burial Customs in Islam?" BBC News, October 25, 2011.

고쓰아게부터 라스텔까지—일본 도쿄

Ashton, John, and Tom Whyte. *The Quest for Paradise.* HarperCollins, 2001.

Bernstein, Andrew. *Modern Passing: Death Rites, Politics, and Social Change in Imperial Japan.* University of Hawaii Press, 2006.

Brodesser-Akner, Taffy. "Marie Kondo and the Ruthless War on Stuff." *New York Times Magazine,* July 6, 2016.

"Family of Dead '111-Year-Old' Man Told Police He Was a 'Human Vegetable.' " *Mainchi Shimbun,* July 30, 2010.

Iga, Mamoru. *The Thorn in the Chrysanthemum: Suicide and Economic Success in Modern Japan.* University of California Press, 1986.

Lloyd Parry, Richard. *People Who Eat Darkness: The True Story of a Young Woman Who Vanished from the Streets of Tokyo— and the Evil That Swallowed Her Up.* Farrar, Straus & Giroux, 2011.

Lynn, Marri. "Thomas Willson's Metropolitan Sepulchre." *Wonders and Marvels,* 2012.

Mochizuki, Takashi, and Eric Pfanner. "In Japan, Dog Owners Feel Abandoned as Sony Stops Supporting 'Aibo.' " *Wall Street Journal,* February 11, 2015.

Schlesinger, Jacob M., and Alexander Martin. "Graying Japan Tries to Embrace the Golden Years." *Wall Street Journal,* November 29, 2015.

Stevens Curl, James. *The Egyptian Revival: Ancient Egypt as the Inspiration for Design Motifs in the West.* Routledge, 2013.

Suzuki, Hikaru. *The Price of Death: The Funeral Industry in*

Contemporary Japan. Stanford University Press, 2002.

Venema, Vibeke. "How the Selfie Stick was Invented Twice." BBC World Service, April 19, 2015.

냐티타—볼리비아 라파스

Dear, Paula. "The Rise of the 'Cholitas.' " BBC News, February 20, 2014.

Faure, Bernard. *The Power of Denial: Buddhism, Purity, and Gender*. Princeton University Press, 2003.

Fernández Juárez, Gerardo. "The Revolt of the 'Ñatitas': 'Ritual Empowerment' and Cycle of the Dead in La Paz, Bolivia." *Revista de Dialectología y Tradiciones Populares* 65, no. 1 (2010): 185–214.

Harper, Elizabeth. "The Neapolitan Cult of the Dead: A Profile for Virginia Commonwealth University." Virginia Commonwealth University's World Religions and Spirituality Project.

Nuwer, Rachel. "Meet the Celebrity Skulls of Bolivia's Fiesta de las Ñatitas." *Smithsonian*, November 17, 2015.

Scotto di Santolo, A., L. Evangelista, and A. Evangelista. "The Fontanelle Cemetery: Between Legend and Reality." Paper delivered at the Second International Symposium on Geotechnical Engineering for the Preservation of Monuments and Historic Sites, University of Naples Federico II.

Shahriari, Sara. "Cholitas Paceñas: Bolivia's Indigenous Women Flaunt Their Ethnic Pride." *Guardian*, April 22, 2015.

___. "Skulls and Souls: Bolivian Believers Look to the Spirit World." Al Jazeera, November 12, 2014.

Wilson, Liz. *Charming Cadavers: Horrific Figurations of the Feminine in Indian Buddhist Hagiographic Literature*. University of

Chicago Press, 2006.

자연장—미국 캘리포니아주 조슈아트리

Desai, Sapur F. *History of the Bombay Parsi Punchayet 1860–1960.* Trustees of the Parsi Punchayet Funds and Properties, 1977.

Moss, Marissa R. "Flashback: Gram Parsons Dies in the Desert." *Rolling Stone*, September 19, 2014.

Hannon, Elliot. "Vanishing Vultures a Grave Matter for India's Parsis." NPR, September 5, 2012.

Jacobi, Keith P. "Body Disposition in Cross- Cultural Context: Prehistoric and Modern Non-Western Societies." *In Handbook of Death and Dying*, edited by Clifton D. Bryant. SAGE Reference, 2003.

Kerr, Blake. *Sky Burial: An Eyewitness Account of China's Brutal Crackdown in Tibet.* Shambhala, 1997.

Khan, Uzra. "Waiting for Vultures." *Yale Globalist*, December 1, 2010.

Kreyenbroek, Philip G. *Living Zoroastrianism: Urban Parsis Speak about their Religion.* Routledge, 2001.

"The Strange Tale of Gram Parsons' Funeral in Joshua Tree." *Desert*USA, September 14, 2015.

Subramanian, Meera. "India's Vanishing Vultures." *VQR* 87 (September 9, 2015).

나오며

Hagerty, James R. "Funeral Industry Seeks Ways to Stay Relevant." *Wall Street Journal*, November 3, 2016.

Ruggeri, Amanda. "The Strange, Gruesome Truth about

Plague Pits and the Tube." BBC, September 6, 2015.

기타

Jones, Barbara. *Design for Death.* Bobbs-Merrill, 1967.

Koudounaris, Paul. *Memento Mori: The Dead Among Us.* Thames & Hudson, 2015.

Metcalf, Peter, and Richard Huntington. *Celebrations of Death: The Anthropology of Mortuary Ritual.* Cambridge University Press, 1991.

Murray, Sarah. *Making an Exit: From the Magnificent to the Macabre— How We Dignify the Dead.* Picador, 2012.

좋은 시체가 되고 싶어

유쾌하고 신랄한 여자 장의사의 시체 문화유산 탐방기

1판 1쇄 펴냄 2020년 10월 31일
1판 2쇄 펴냄 2023년 1월 16일

지은이 케이틀린 도티
옮긴이 임희근

편집 최예원 조은 조준태
미술 김낙훈 한나은 이민지
전자책 이미화
마케팅 정대용 허진호 김채훈 홍수현 이지원 이지혜 이호정
홍보 이시윤 윤영우
저작권 남유선 김다정 송지영
제작 임지헌 김한수 임수아
관리 박경희 김도희 김지현

펴낸이 박상준
펴낸곳 반비

출판등록 1997. 3. 24.(제16-1444호)
(06027) 서울시 강남구 도산대로1길 62 강남출판문화센터
대표전화 515-2000 팩시밀리 515-2007
편집부 517-4263 팩시밀리 514-2329

ISBN 979-11-90403-26-9 (03100)

반비는 민음사출판그룹의 인문·교양 브랜드입니다.

만든 사람들
책임편집 김은화
디자인 박연미
조판 강준선